まんが 墓《はか》活《かつ》

それでどうする、うちの墓？

井上ミノル

はじめに

ある日の打合わせ中
突然問われました
ミノルさんはさ
編集者Mさん
法曹界と医学界に太いパイプを持つ女
お墓って
どうしようと思ってる?
ええ〜…っと…
それはもしや
「〆切も守れねぇクズは
自分の墓穴
自分で掘りやがれ」
的な…?
カタカタ
埋め…埋め…埋められる…
原稿真っ白
まさか〜!!
まぁ正直ちょっと思わなくもないけど…
お墓の本
書いてみない?
ってコト!!
本?
そう
最近友達との会話でも墓をどうするかって話が多くなってきたのよね〜
田舎にあるお墓を移したり墓じまいすることを〝墓活〟って言うらしいのよ
ウチは三姉妹で両親も高齢になってきて家の墓どうするのか婚家の墓もどうするのか
笑って話せるうちに考えておいた方がいいんじゃないかと思って

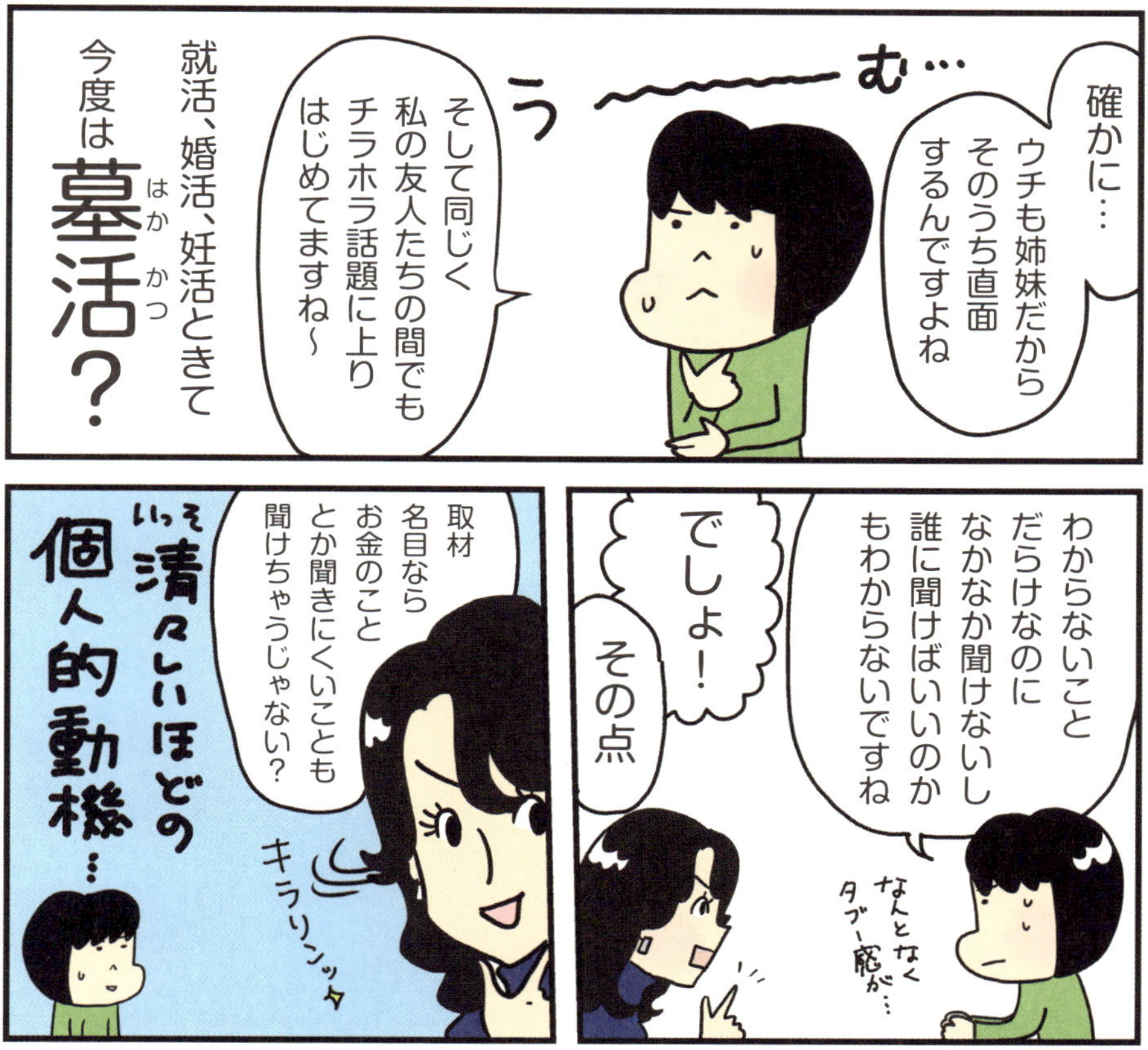

てなワケで
ほぼ
100%個人的動機(笑)で
お墓にまつわるエトセトラを
東奔西走して調べております。
もしも私と同じ
いつかは死ぬ身として
個人的にご興味を
持っていただけたなら
私の墓活リポートに
しばしお付き合い
いただけると幸いです。

もくじ

第1章 お墓の基礎知識

第2章

第3章

第４章 **お墓の法律相談**

第1章

お墓の基礎知識

CASE 1 継ぐ人がいない!

～イノウエの場合～

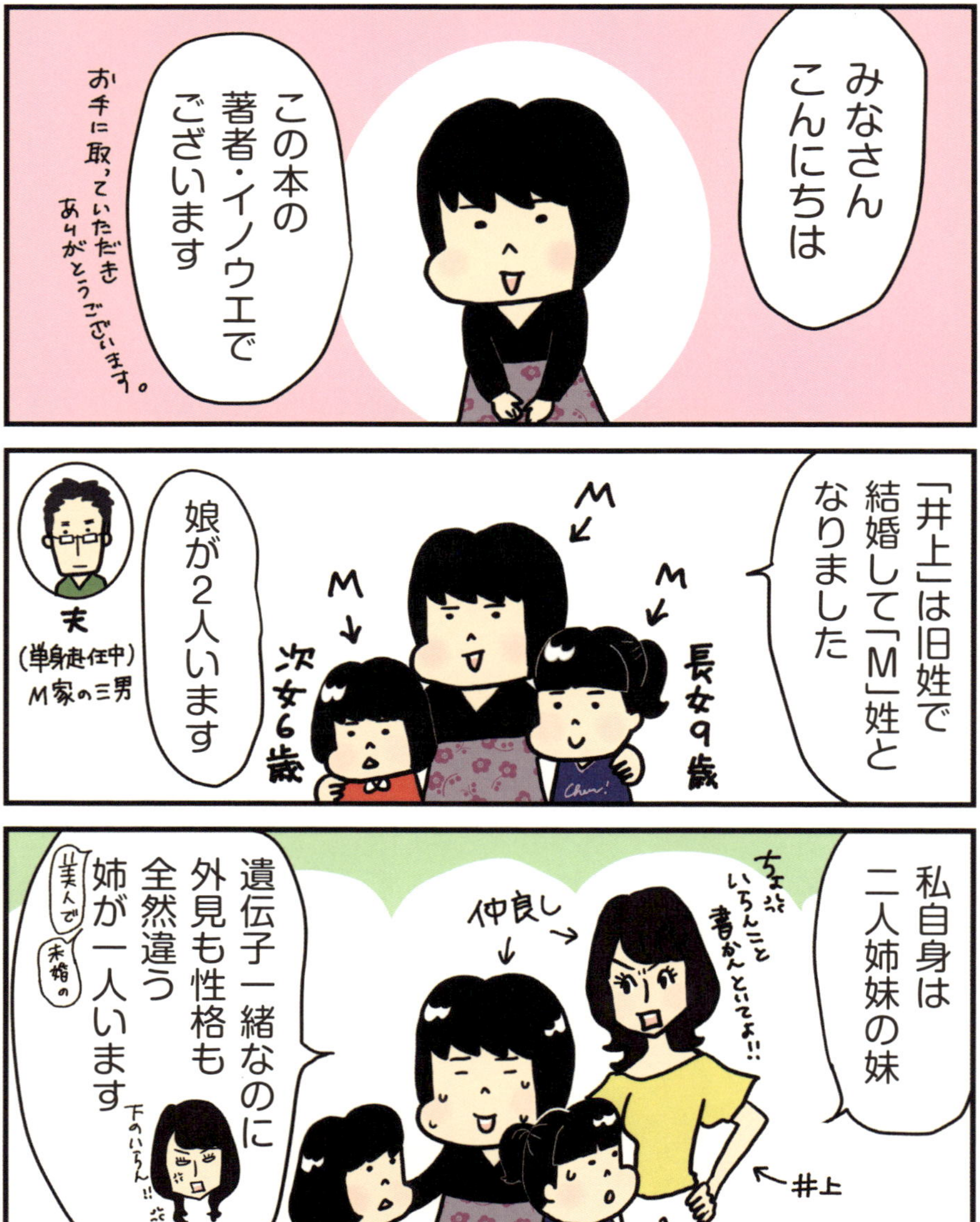

私の母は三姉妹の長女
結婚前は「小寺」姓でした
姉（井上）
長女（M）
私（M）
次女（M）
妹2人もそれぞれ結婚しました
母（井上）
祖母（小寺）
99歳の実母の面倒をみています
おーい ワシもおるぞ〜
父 井上家次男
さて 賢明なる読者の皆さんは もうお気付きですね？ そう、
はっはっはっはっ
ウチ、3代続けて
女しか生まれてねぇ。
実生活では 何の支障もなく 仲良く楽しく 暮らしておりますが…
小寺の墓 だれが 面倒みるん？
南無阿弥陀仏
井上の墓 建てるん？
建てたとして 誰が面倒みるん？
M家の墓 建てるん？
いずれ 降りかかってくるのが 墓どないする問題

ちなみに母の実家である小寺家の代々墓は大きな天然石の立派な墓で
兵庫県たつの市に あります
背面には天保六年に建立したと刻まれています
天保六年と言えば坂本龍馬が生まれた年
天保六年七月九日
天保十四年四月四日
明治廿三年八月十日
先祖代々守って来たんだね…
私の大好きな鶏籠山《けいろうざん》そして土手に上がれば揖保川《いぼがわ》の流れが見渡せるお気に入りの墓なのです
カー カー
おちつくな〜

実は私は幼い頃から祖母に
小寺家を継いでくれる人がいないのが気がかりで気がかりで…
は〜…
と何度も聞かされていて
安心しておばあちゃん！私が小寺家を継ぐから!!
ザ☆安請合
とか言っていたのですが
フツーに結婚しちゃったわー
今日から私 井上でも小寺でもなくM
ハッハッハッ
ごめん おばあちゃん
いやだってさ!! 家業があるわけでもなし そこまでして継がなきゃなんないもんでもなくない？
ハッハッハッ
ただの名前だよ？
そもそも男子が生まれなきゃ家が途絶えるって仕組みがおかしいでしょ!!
側室でもいなきゃ無理じゃない？ てか夫婦別姓に戻りゃいーんじゃないの？ 昔みたいにー!!
…話が別の方向に向かいそうなので戻ってもらっていいですか？

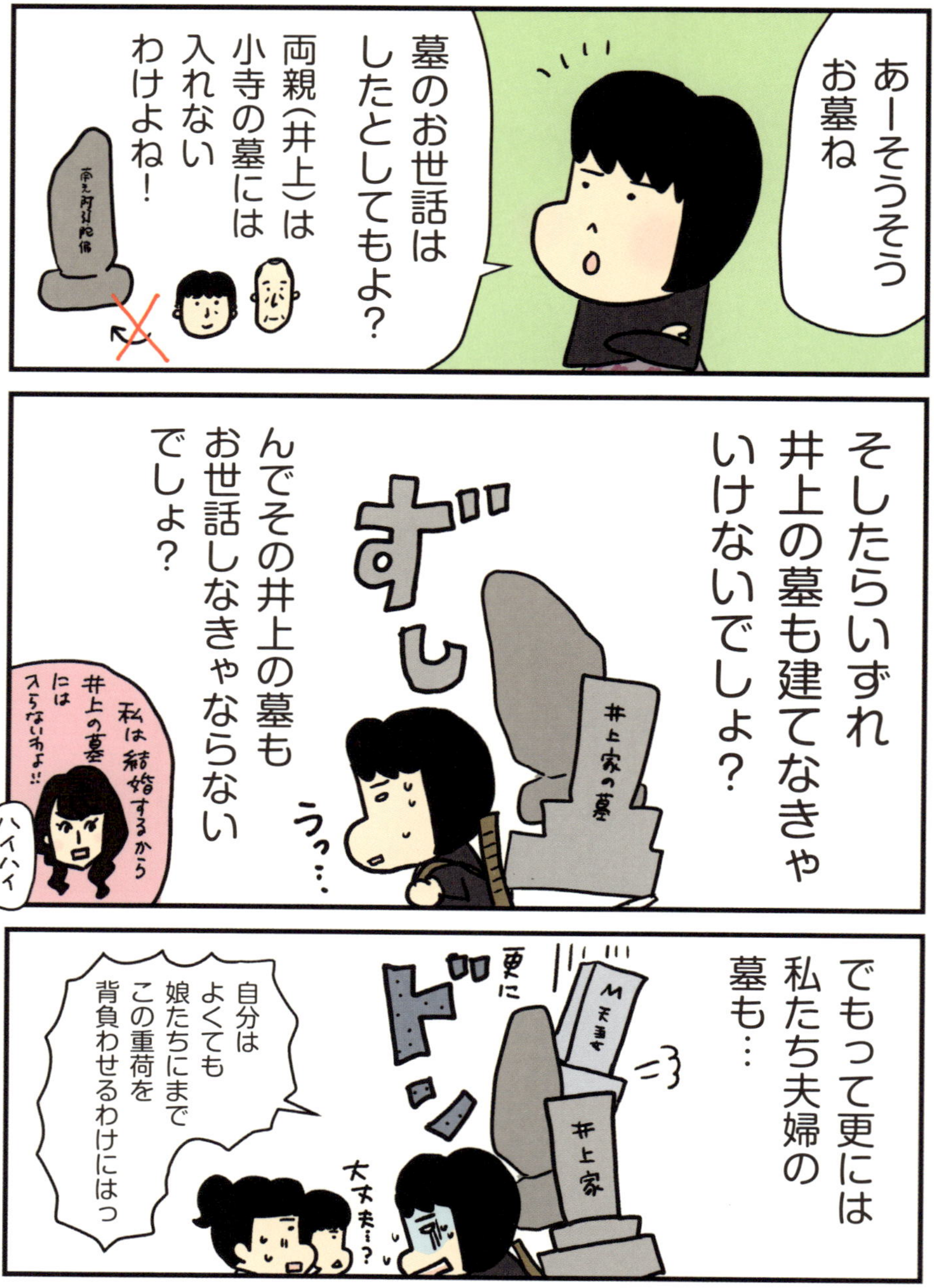
あーそうそう
お墓ね
墓のお世話はしたとしてもよ？
両親（井上）は小寺の墓には入れないわけよね！
南無阿弥陀仏
そしたらいずれ井上の墓も建てなきゃいけないでしょ？
ずし
井上家の墓
んでその井上の墓もお世話しなきゃならないでしょ？
うっ…
私は結婚するから井上の墓には入らないわよ!!
ハイハイ
でもって更には私たち夫婦の墓も…
更に
ドン
井上家
大丈夫…？
自分はよくても娘たちにまでこの重荷を背負わせるわけにはっ

でーい!!
人口減ってるのに墓ばっか増えてどうするねーん!!
って!!
ガリガリ ガリガリ
みんなの墓
もういっそひとつにまとめちゃダメなの!?
てか そもそも 墓いる!?
なんなら私の骨なんて揖保川に散骨でいいわ!!
あ、でもみんなでお墓参りする時間は嫌いじゃないのよね…
むしろ好き
てなカンジで絶賛お悩み中!!
みんなはどうする!?

CASE 2 新しいお墓を建てたい！

～夫婦で宗教が違うアシスタントSの場合～

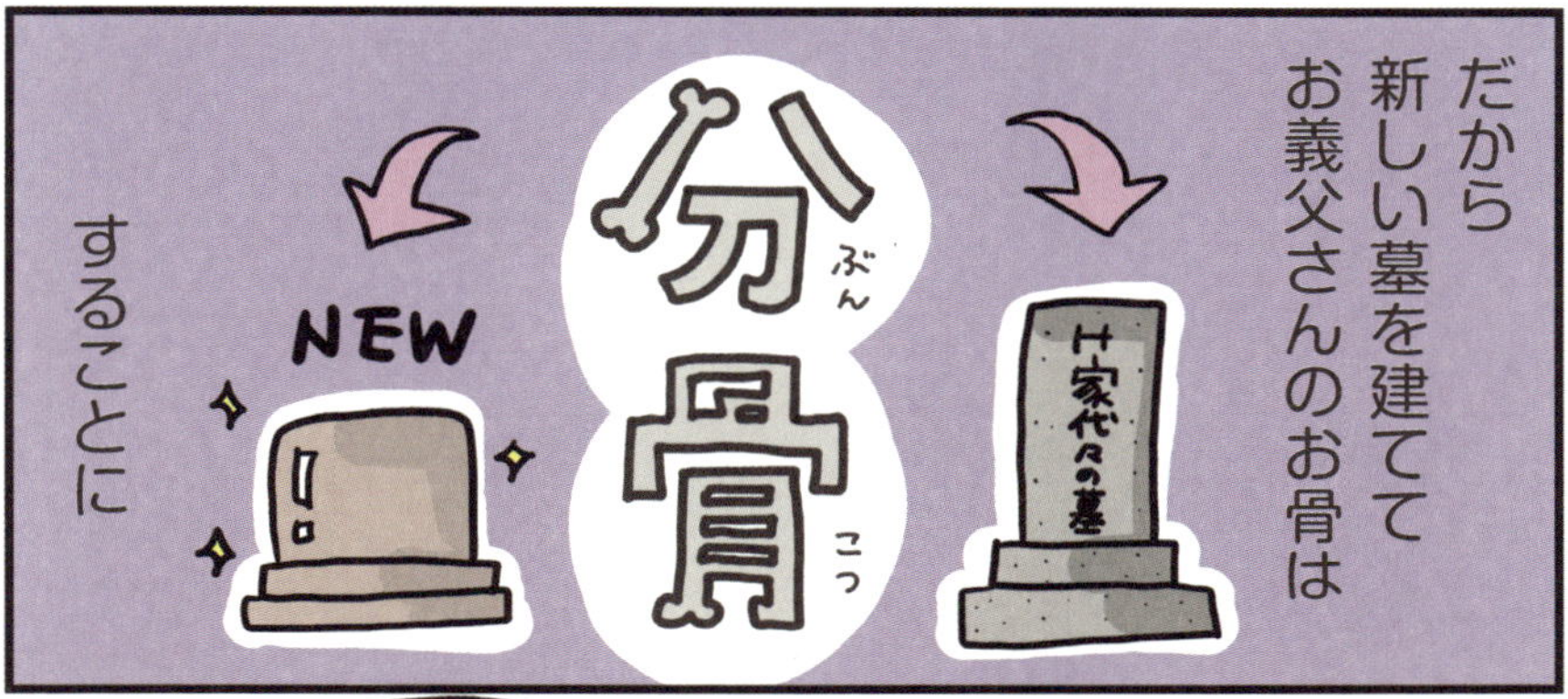

※分骨について、詳しくは33ページ

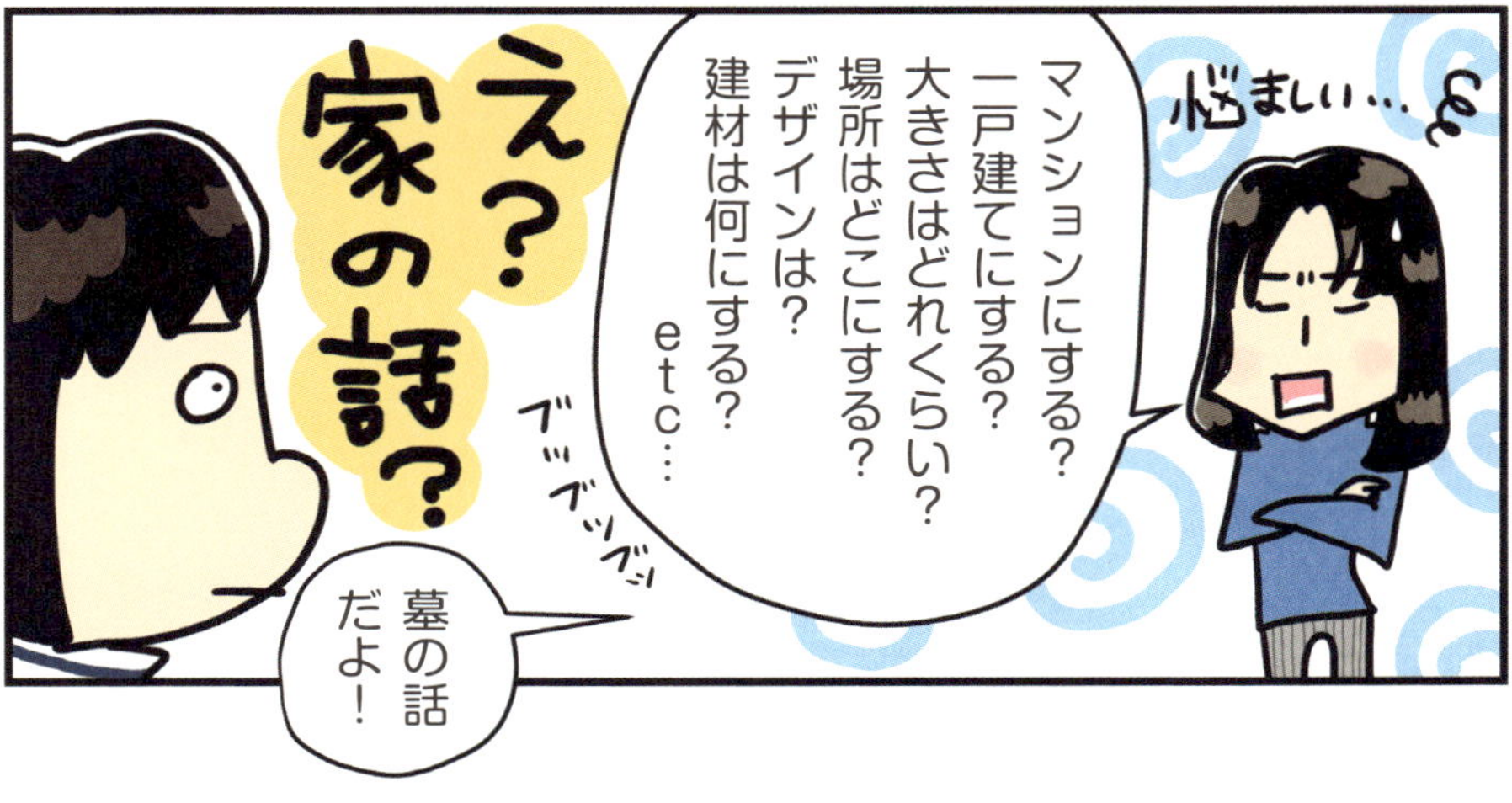

こんなにある！ お墓の種類

一般墓

いわゆる墓石を建てる形。

昔ながらの
和墓

最近増えてきた
洋墓

我が家も洋墓にしました
デザインもバリエーション豊かになってきてますよ

承《しょう》継《けい》墓《ばか》

先祖代々の遺骨が納められる、家単位のお墓。これまでは一般的だったが、承継者問題等で近年少しずつ減少している。

先祖代々之墓
「○○家の墓」や
浄土真宗なら
「南無阿弥陀仏《なむあみだぶつ》」と
彫られた墓も
あるぞよ

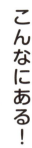

＼一般墓にも いろいろある!!／
合《ごう》同《どう》墓《ばか》
家や血縁を超えたつながりのある他人同士で入るお墓。承継等について取り決めておく必要がある。
※詳しくは80ページ
両《りょう》家《け》墓《ばか》
婚姻した両家を共に埋葬するお墓。一人っ子や長男長女同士が結婚した場合など、承継者が少ない場合の選択肢のひとつ。
夫《ふう》婦《ふ》墓《ばか》
夫婦二人で入るお墓。一定年数が経過すると合祀墓に移され永代供養されるよう事前に契約する場合が多い。
個《こ》人《じん》墓《ばか》
個人が一人だけで入るお墓。一定年数が経過すると合祀墓に移され永代供養されるよう事前に契約する場合が多い。
家族形態の変化によってお墓も色々なカタチが出来てきたね
個人墓や夫婦墓合同墓は生前から準備しておかないといけないね

納骨堂

骨壺を地中に埋めずに、専用のスペースに納める形のもの。一般墓を一戸建てとするなら、マンションに例えられることが多い。仏壇のような形のものや、ロッカー式、自動搬送式など色々なスタイルのものが出てきている。

※詳しくは56ページ

永代供養

お墓を承継する親族等の有無に関わらず、霊園やお寺が供養や管理をしてくれる方法。最初から合祀、もしくはあらかじめ定められた年数が経過すると合祀となるものが多い。

※詳しくは40ページ

手元供養

遺骨を埋葬せずに、骨壺に納めたまま手元に置いておく事も、法律では禁じられていない。最近は手元供養のためのオブジェや、遺骨を納めたペンダントやお守りを作ってくれるサービス等もある。

※詳しくは32ページ

樹木葬

墓石の代わりに樹木を墓標とする埋葬方法。土に埋める（埋葬する）ため、法律により墓地以外の場所に作ることは禁じられている。個別埋葬タイプと、一本のシンボルツリーの周りに複数が埋葬されるタイプがあるが、基本的には永代供養であることが多い。

※詳しくは42ページ

散骨

火葬後の焼骨を粉砕し、海などに撒く方法。後々の管理が不要で費用も安く済むため、近年人気の葬送方法だが、死体遺棄罪《したいいきざい》や埋葬法、市町村の条例に触れないように、その場所や方法に関しては注意が必要。

※詳しくは48ページ

墓 HOW MUCH

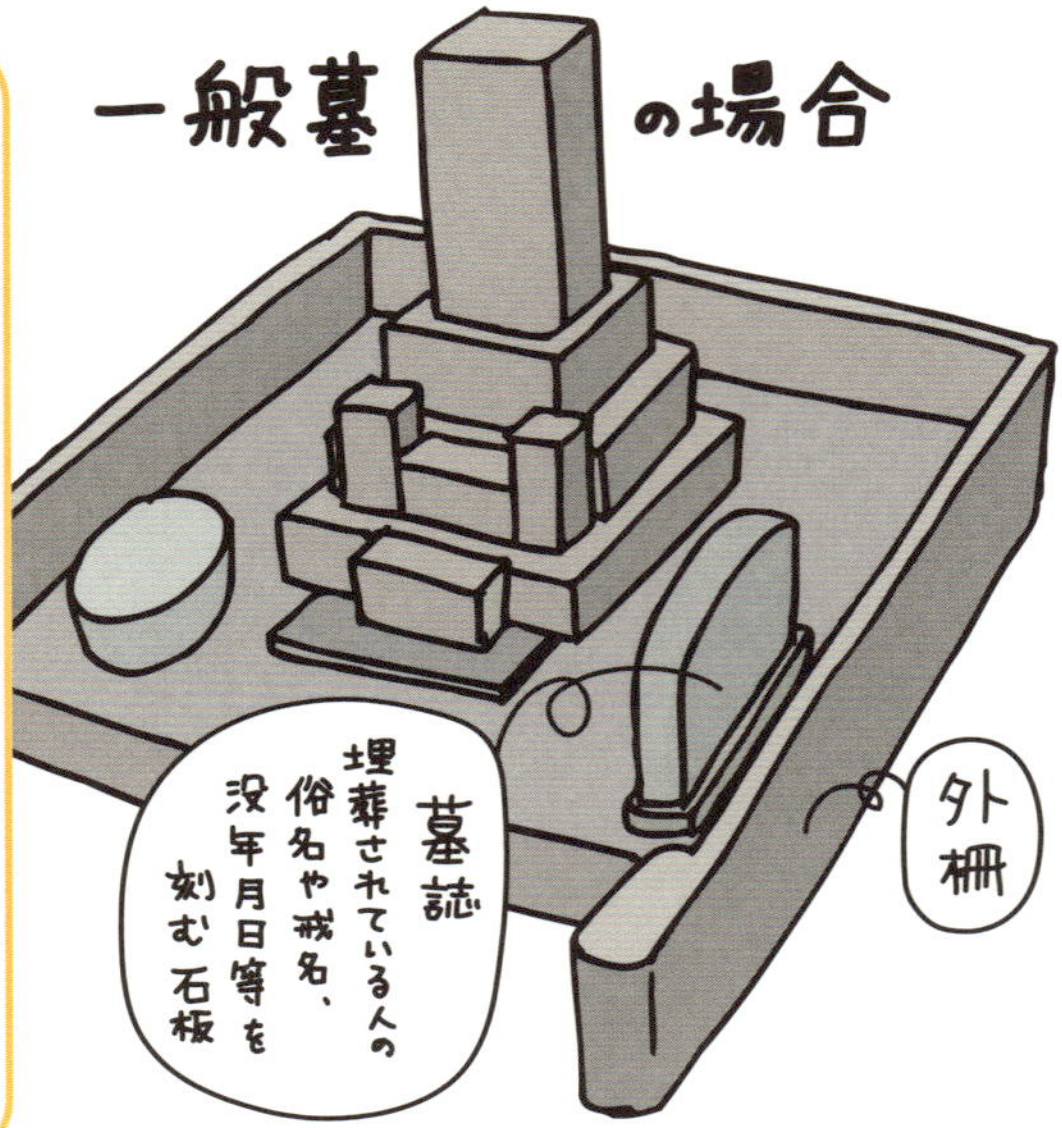

一般墓の場合
墓誌
埋葬されている人の
俗名や戒名、
没年月日等を
刻む石板
外柵

墓石代(設置工事費代を含む)

石材の種類や大きさ、加工の複雑さによって幅がある。工事費も設置場所の地盤などによって価格が変わる。

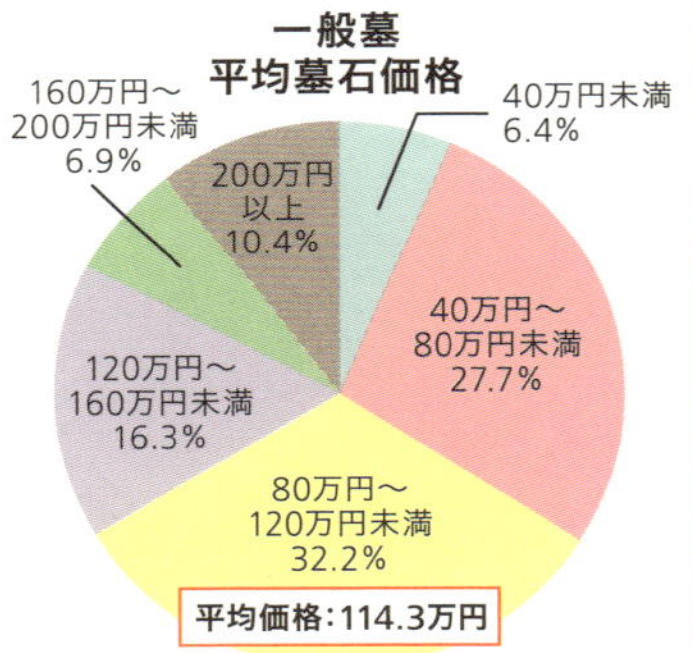

一般墓
平均墓石価格
40万円未満
6.4%
40万円〜
80万円未満
27.7%
80万円〜
120万円未満
32.2%
120万円〜
160万円未満
16.3%
160万円〜
200万円未満
6.9%
200万円
以上
10.4%
平均価格:114.3万円

家のエクステリア
工事と一緒だね〜
外柵や墓誌を
つけた場合は
更に金額アップ

永代使用料

いわゆる土地の賃料にあたるもの。墓地・霊園の場所や区画の広さ、公営か民営かなどにより幅が大きい。最初に支払う費用。

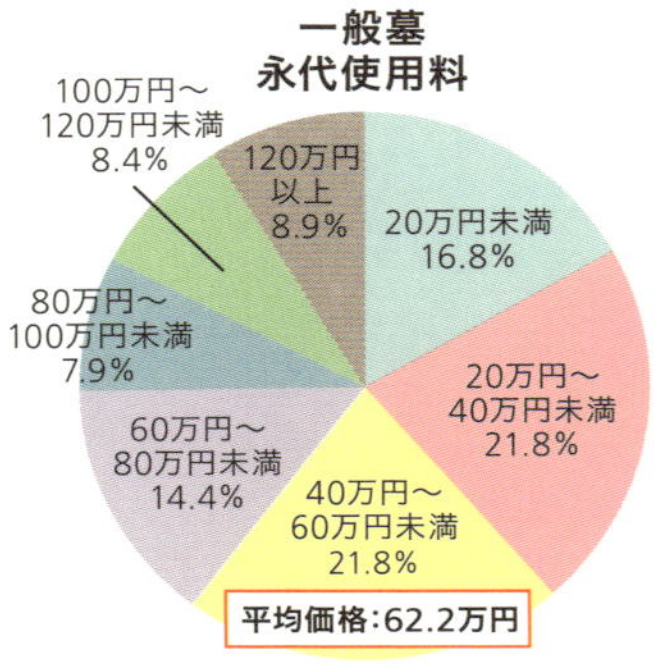

一般墓
永代使用料
20万円未満
16.8%
20万円〜
40万円未満
21.8%
40万円〜
60万円未満
21.8%
60万円〜
80万円未満
14.4%
80万円〜
100万円未満
7.9%
100万円〜
120万円未満
8.4%
120万円
以上
8.9%
平均価格:62.2万円

管理費

墓地・霊園の管理や清掃、水道代等の代金で、使用し続ける限りは定期的に支払うことが多いが、最初に一括して支払う場合もあるので要確認。公営なら年間数百円、民営なら数千円〜数万円と差が大きい。

円グラフ出典:「(株)鎌倉新書/いいお墓「お墓の消費者全国実態調査(2017年)」

納骨堂　ロッカー型 **30万円〜**　自動搬送型 **70万円〜**

樹木葬　合祀型 **5万円〜**　集合型 **20万円〜**
個別型 **50万円〜**

永代供養　合祀型 **3万円〜**

散　骨　自分で散骨 **0円〜**　代行散骨 **3万円〜**
個別散骨 **10万円〜**

手元供養　そのまま **0円〜**　オブジェ等 **2万円〜**

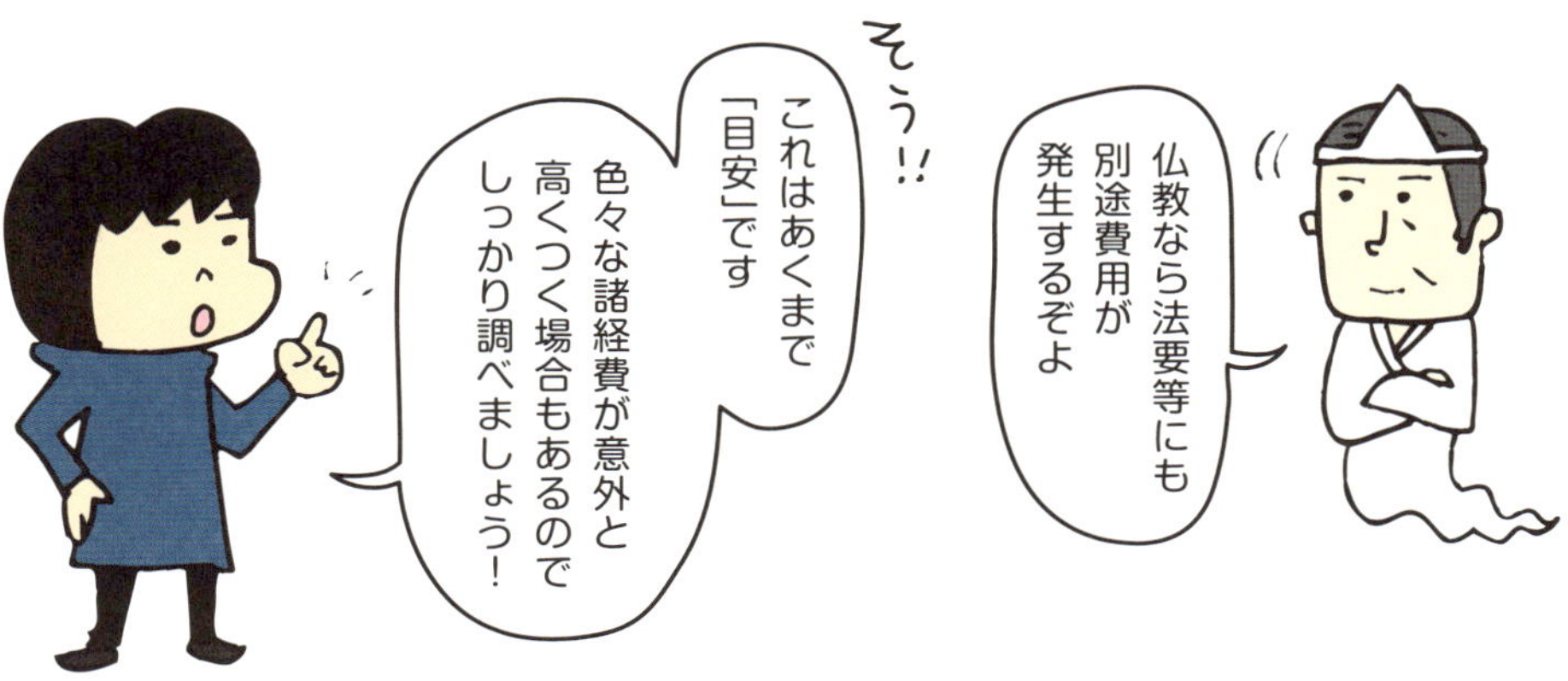
仏教なら法要等にも別途費用が発生するぞよ
そう!!
これはあくまで「目安」です
色々な諸経費が意外と高くつく場合もあるのでしっかり調べましょう!

霊園見学に行ってみた!

墓を新しく建てようと思ったら一般的には
公営墓地
市区町村など自治体が運営
民営墓地
宗教法人または公益法人が運営
寺院墓地
宗教法人が運営
の中から建てる場所を探します
センエツながら先日墓を建てたわたくしが解説をば
公営墓地は比較的使用料や管理費が安いところが多く人気がありますが
・公募なので競争倍率が高い傾向
・居住地などに制限がある
というデメリットもあります
つまり入りたくても入れない場合アリ
ほうほう
まあ 場所にもよりますケド…
寺院墓地はお寺や教会の敷地内にある墓地で
檀家《だんか》さんや信者であることが条件である場合が多いね
こういうのね↓
中には宗派問わないところも増えてきてはいるらしいですが

というわけで
やはり
民営墓地を
選ぶ人は
多いですね
キラリン
ちなみにウチも
民営墓地にしました。
そして 民営は
サービスや
設備が充実
している所が
多いのも
魅力のひとつ
ポカ
ーこ
サービス?
ちなみに
墓石は
石材店の管轄ですが
石材店選びは…
公営墓地→自由
どの石材店でもOK!!
寺院墓地→指定されている場合が多い
民営墓地→ほぼ100% 指定されている
民営墓地には
数社の契約石材店が
あるのでその中から
セレクトします
まー民営墓地に行けば
石材店の人が応対してくれて
色々パックプラン的な
ものもあって
サクサク話が進んでいく
ってカンジよ
よくも悪くもレールが敷かれている感
結婚式場みたいな?
うーん当たらずとも遠からずかも
百聞は一見に如かず
ってことで
行ってきました
霊園見学!!
お母さん今日はお山にドライブ~
えっ 遠足?
ううん お墓
えっ?
結構 山の上に
登りますね~
車ないとキツくないですか?
送迎バスが
一日何往復か走ってる
みたいよー
ぶうーん
編集Mさんの車

大阪府茨木市にある
明治の森霊園
うてひゃー!!
広大~!!
受付のある建物に入ると…
線香やロウソクの販売
墓そうじや 供花を代行してくれるサービス
お掃除 供花 サービス
供花
供花の販売
手ぶらで来れるね
なるほど サービスがしっかりしてるってこういう事ね
対応してくださったのは石材店の方
どうもこんにちは~
こちらには4社の提携石材店が入っておりその時そこにいた石材店が対応してくれるとのこと

こちらでは約8万㎡の広大な墓地に
一般墓
樹木墓地
ガーデニング型永代供養墓
などがあり
それぞれ色々な価格帯のセットプランが用意されています
私どもが今一番オススメしているプランがこちらです
永代供養夫婦墓
新区画 受付中
の森霊園
72万円〜
永代供養墓「すみれ」
102万円〜
42万円〜
39(税込)万円〜
132万円〜
この永代供養墓39万円!? 安すぎません!?
えっ!?
ええ…ただ
こちらはお一人様分の料金になっています

なるほど
墓の種類によって入れる人数が違ったりするんですね
はい 人数制限のあるものとないものがあります
2人目から追加料金で上限●人、みたいなカンジ
皆様家族構成によってお選びいただいてます
プランによって制約もあるので契約内容の確認はしっかりとしましょう
実際 霊園を歩いてみると…
一般墓だけでもいろいろあるんですね〜
こだわりのデザイン墓
キリスト教
豪華!!
神道
なんというか
懐が広い。
本日の感想というと
規模にもよるとは思いますが…
とにかく 種類豊富でお値段も幅があるので希望や予算に合うものを見つけやすいと思いました
納骨や法事の手配もしてくれるのも心強いですね
金額がすべて明示されているところも助かる!!
例えるならば
パッケージ旅行の安心感
ナムー
冒険はできないけれど全部込み込み初心者にもオススメ
といったところかなぁと思いました!!

ちなみに公営墓地の場合このような流れになります

1 希望の墓地を探す・決める

※公営墓地は応募資格があります
(○年以上その自治体に居住しているetc.)
資格を満たしているかも確認しましょう

2 公募情報を確認する

・自治体の広報やホームページ、
窓口で公募情報を確認しましょう
希望が多い場合は抽選になります

3 申し込む

・自治体によって随時募集している所、
申し込み期間が決まっている所などがあります
・申し込みに必要な書類も揃えましょう

4 当選したら資格審査を受ける

・たいていの自治体は公平を期すため公開抽選を行います
・当選した場合、
資格を満たしているかの審査が行われます

5 永代使用料や管理料を払うと使用許可証が発行される

・使用許可証は重要ですので
大切に保管しましょう!!

6 墓石を建てる

・石材店は自分で探します
・土地の使用権を獲得した後、建立期限がある
墓地が多いので気を付けましょう!!

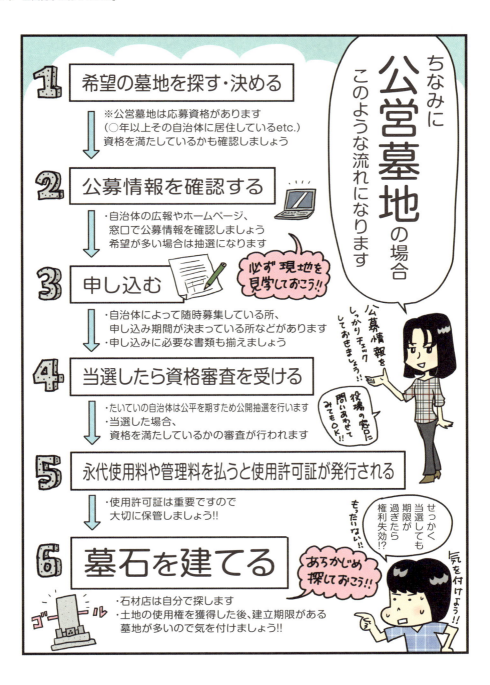

霊園Q&A

Q 愛するペットも家族の一員。一緒の墓に入れますか？

A 仏教では人と動物を同等に扱うべきではないと考えるため、一緒に埋葬することはNGとされてきました。しかし近年のニーズの高まりを受けて、宗教・宗派不問の民間墓地で「ペットと共に入れるお墓」を売り出すところも、数は少ないながらも徐々に増えてきました。ただし、区画が限られていたり、細かい規則があったりもするので、個々の霊園にて詳細をよく確認してみてください。

ミノルのちょこっとホンネ

価格もプランも選択肢が豊富で、
色々なサービスが魅力的な民間霊園が
多いけど､郊外型墓地はアクセスの
悪さが心配な所も多いね。
高齢になってもお墓参りに行けるかも
考えて決めたほうがよさそう

Q 民間霊園って万が一、経営破綻したらどうなるの？

A 倒産のリスクが限りなく低い公営墓地に比べ、民間霊園が経営破綻することはたまにあります。しかし許可なく墓地を別の用途に転用することは法律で禁じられているため、ほとんどの場合、別の経営主体に譲渡されるだけで、墓地はそのまま存続することとなります。ただし、経営主体が変わることによって、永代供養の契約等が変わるケースはあるようです。

明治《めいじ》の森《もり》霊《れい》園《えん》

1994年に開園した北摂最大級の民営霊園。明治の森箕面国定公園に隣接し、自然豊かで霊園からの眺望は抜群。甲子園球場2つ分にも及ぶ広大な敷地には、一般墓地のほか、芝生墓地やガーデニング墓地などもある。管理棟にはお花や線香、ロウソクなども販売し、車椅子やベビーベッドの貸出し、法要施設や着替えのできる個室なども用意されている。全区画、万が一、代が途絶えた場合でも霊園により追加費用なしで永代供養墓に納骨して供養してもらえる。人気の樹木墓地は、使用期間を設定できる「ガーデニングの丘」や永代供養墓の「すみれ」などがあり、季節の花々に囲まれたお墓でお一人様から入ることができる。

大阪府茨木市泉原374番地14
大阪府箕面市粟生間谷289-10
（土・日・祝・お彼岸・お盆は無料バス運行）
☎0120-492-441
9:00－17:00 / 水曜休

一般墓地

0.7聖地セット墓地
58万円〜(税込)

広さや予算、デザインに応じて様々な区画の中から選べる。一般墓地が無縁になったら、遺骨は永代供養塔に無料で合祀される。

永代供養墓

ガーデニング墓地「すみれ」
39万円〜(税込)

家族単位での納骨で、期間設定はなく墓石も遺骨もそのまま残り、永代にわたり供養される。1区画の人数制限はなく、お一人様でもOK。

樹木墓地

「ガーデニングの丘」70万円〜(税込)
※使用期間10年の場合

10−50年の間で使用期間（延長も可）を選び、期間内は個々の墓地としてお参りができる。期間終了後は永代供養塔に合祀される。

※明治の森霊園は、消費税10％の価格になります

CASE 3 お墓が遠すぎる!

～大阪在住、墓が青森にあるYさんの場合～

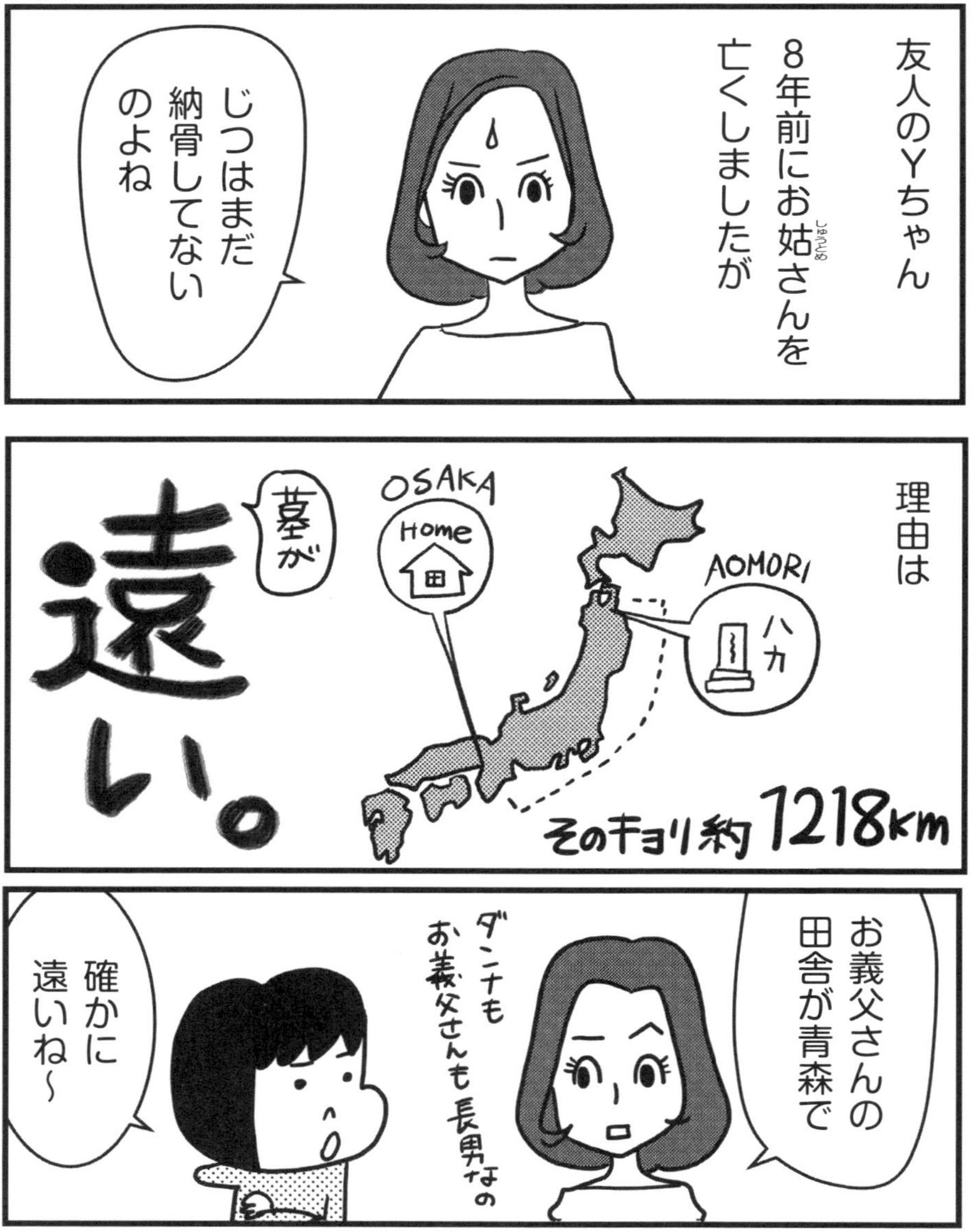

そのうち青森に帰りたいから骨もあっちにうずめたいなって
義父
イケメンだがのんきな親子
夫
オヤジもこう言ってるし青森の墓でいいんじゃね？
男たちはこう言っておりますが…
そのうちっていつ
お義父さんの郷愁は分かるけど今ある生活基盤をなげうって墓のために青森移住とか
ありえへん
非現実的!!
学校とか仕事とかどないする気や!!
関西弁になっとるで
←関東出身。
家族5人で15万以上!! お盆とか更に高けぇ!!
だいたい墓参りに飛行機て！
しかも生前義母が
住んだこともない遠い場所のお墓に入るのってなんか淋しいわぁ
と、言っていたのを私は知っている
大阪出身
めっっっちゃわかる。
私もぶっちゃけいや。
完全同意
どうしたらいいの？分骨？
そもそもお骨っていつまでも家に置いてていいもの？
うんうん

手元供養という選択

Q 遺骨はいつまでに埋葬(納骨)しなければいけないの?

A 戸籍法で「死亡の事実を知った日から7日以内に死亡診断書を添付して死亡届を提出しなければいけない」と定められていますが、火葬・葬儀・納骨に関する期限を定める法律は特にありません。

いろいろある!! 手元供養グッズ

大好きな故人をいつも身近に感じられる遺骨アクセサリー。一度埋葬したものでも消毒などをして加工することができます。でも、くれぐれもなくさないように!

純金や純銀製といった高級なものから、ガラスや七宝焼きなど、素材やデザインは様々。子ども世代の家にも違和感なく置けるものが増えてきています。

お墓に入れずにうちに置いててもいいわけね～

お地蔵様やつちぼとけ様、また遺骨を納めていることがわからないフォトスタンドなど、お部屋のインテリアとしても素敵です。

ただ面倒をみる家族亡き後最終的にどうするのか考えておかないとね

ありがとう

分骨ってどうするの？

Q 遺骨を分骨するのに何か決まりはあるの？

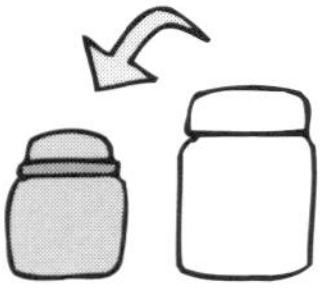

A 分骨自体に決まりはありませんが、分骨した骨を埋葬する際には「分骨証明書」が必要となります。火葬場で分骨するなら火葬場で「火葬証明書（分骨用）」を、納骨後の分骨はお墓を管理しているお寺や霊園に「分骨証明書」を発行してもらいましょう。手元供養していたお骨を埋葬する際にも分骨証明書が必要です。

合同墓と承継墓など複数の墓に分骨する場合もあれば納骨する分と手元供養する分に分骨する場合もあるんじゃな
すでに埋葬されている遺骨を分骨したいときはどうすればいいの？
勝手に掘りおこしちゃダメですよね？
納骨室を開けないといけないので石材店に頼んでください
それはやめて下さい
証明書発行のために埋葬地の管理者の立会いも必要ですよ

後ほど登場する
如来寺《にょらいじ》の釈先生と石材店の松澤さん

開かれつつある？ 寺院墓地

～檀家じゃなくても入れますか？～

※檀家について、詳しくは97ページ

以前から檀家さんからも永代供養合同墓のご要望が多かったんです
第42代目住職 金山信利《かなやましんり》さん
人が集まる空間 淋しくないお墓をと思いまして…
管理会社の柳泉堂《りゅうせんどう》さん
水をめぐらせ生命の循環をイメージして設計していただきました
伊達冠石《だてかんむりいし》の墓石の下に皆さんのお骨を納めさせていただきます
ゆるやかな斜面を水が流れています
水を止めると約250席のイスを設置できるスペースにもなり
青空の下での法要やコンサートなどもしていただけます

設計した間宮さんにもお話を伺いました
大阪芸術大学教授の間宮吉彦《まみやよしひこ》先生
お墓がメインと言うよりも
訪れた人たちがほどよい緊張感を持ちつつ心地よく過ごせる空間をデザインしました
春の桜をはじめ季節の草木に囲まれて
まったり…
いつまでもぼーっと座ってたいわ〜
夜には水面に映る月を愛でることもできるそうですよ
めっちゃお酒のみたくなりそ〜
確かにこんな空間で亡くなった人を偲べるのはとても素敵だと思いました
一般墓地の方もお墓じまいの後には永代供養墓へ合祀できますので無縁になることはございません
無縁墓にならないのは安心感が大きいですね！

こちらには
樹木墓地もあります
里山のようで心が安らぎますね
お年寄りや車イスの方もお参りしやすい高さと考えるとこの形になりました
ところでやはりまずは檀家にならないとダメですか?
いいえ
うちは宗派を問わず受け入れさせていただいてます
このお寺を好きになって下さる方なら大歓迎です

元々お寺は地域のコミュニティーのような存在でもありました
檀家制度などで敷居が高く思われてしまいがちですが
人が集まる場所、気軽にご先祖に会いに来られる場所でありたいと思っているお寺は多いんじゃないでしょうか
確かに勝手に敷居高く感じちゃってました

生活の場にも近くいつも見守ってもらえて法要などもしてもらえる寺院墓地ならではの魅力もたくさんありますよね
お寺ってもっと頼っていい存在なんですね〜!
最近は開かれたお寺も多いですから
まずは気軽に何でも聞いてみられたらいいと思いますよ

寺院墓地Q＆A

Q

田舎の実家はもともと真言宗ですが私は近所の浄土真宗のお寺に新しくお墓を作りたいと考えています。何か問題はありますか？また、宗派を変えるにあたって何かしなければならないことはありますか？

A

宗派によってお経の内容や供養のお作法が違ってきますが、宗派を変えることは個人の自由で、手続きも特に必要ありません。仏壇のご本尊や戒名は宗派によって違いますが、もし既に持っていたとしても、変える必要まではないとされています。

ミノルのちょこっとホンネ

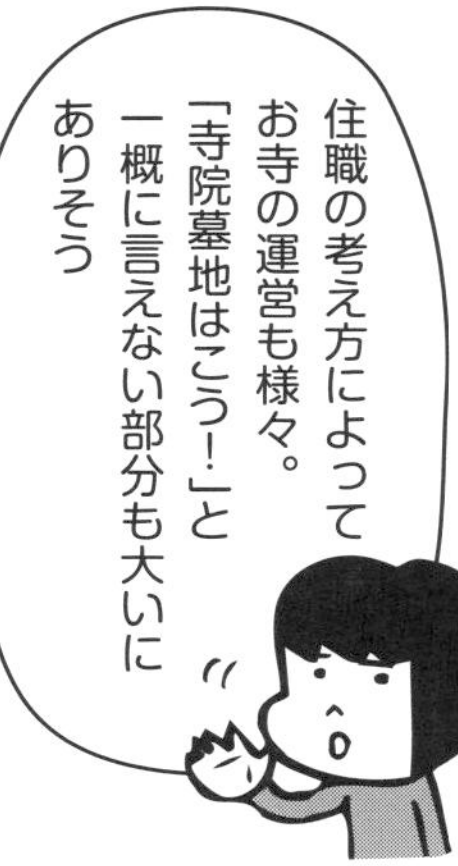
住職の考え方によって
お寺の運営も様々。
「寺院墓地はこう！」と
一概に言えない部分も大いに
ありそう

永代供養 月《がつ》蔵《ぞう》寺《じ》日《にち》月《がつ》園《えん》

1495年（明応4）開創の日蓮宗の由緒ある寺院、月蔵寺の日月園では区画墓地、樹木墓地、永代供養墓があり、宗派を問わず納骨できる。月型の屋根がひときわ目を引く日月園のコンセプトは「巡葬」。「巡葬」とは、生命の循環を意味し、水が巡るように生命が循環すること。ご遺骨が土に還り、木々や花に巡っていくという考え方に基づく。他霊園、他寺院墓地からの改葬も受け付けており、お墓を閉じる際の墓じまいの費用は一切かからない。

大阪府堺市堺区柳之町東2-2-7
☎072-232-3384
お参りは自由／無休

区画墓地
2人用墓地「そら」 88万円〜（税込）
家族用墓地「ひなた」 128万円〜（税込）

樹木墓地
1人用区画 40万円〜（税込）
※最後の方の納骨後7年または13年経年後に日月園永代供養墓に合祀される。

永代供養墓
1霊位 20万円〜（税込）

永代供養墓

樹木墓地

行きつくところはやっぱココ？

～永代供養～

永代供養
私の中では
「墓じまいした後の行きつく先」
というイメージでしたが
うちのお義母さんの実家のお墓も墓じまいして永代供養墓にしたんですよね
私のお姑さんです
徳島のお墓を墓じまいして京都の仁和寺《にんなじ》にお骨を納めさせてもらいました
近くなってお参りしやすくなったね
最近は個別の墓を建てずに最初から永代供養墓を選ぶ人も増えているようです
最初から入るケース
永代供養墓
一定期間後 合祀されるケース
一般墓
樹木墓地
納骨堂
また、十三回忌や三十三回忌後に永代供養墓に合祀される契約になっている個別墓や納骨堂も多くなっています
そしてナント
永年永代供養の個別墓
なんてものまで登場しています
たとえ後を継ぐ人がいなくなっても合祀することなく
永遠にこのままです
イクエのハカ
…永遠にあるものなんてこの世にある…？
知ってる人が誰もいなくなったのに
墓だけが残ってるって何か淋しくない…？
ひゅるり～…
管理してくれるとは言ってもなぁ…

永代供養Q＆A

Q 「永代」ってことは永遠に供養してもらえるんですよね？

A 実は永代供養の「永代」は「永遠」という意味ではありません。霊園や施設によって意味あいや期限が異なりますので、よく確認してみてください。

Q 永代供養墓で「個別墓」と「個別型」がありますがどう違うんですか？

A 「個別墓」は一区画に一つの墓石が建っているもの、「個別型」は合同墓ですが納骨室の中で他の人の遺骨と混じることなく個別に納骨される形のもののことを指します。

Q 個別永代供養墓、承継者がいなくなった後も本当にその場所にずっとあるんですか？

A 永代供養とは言っても、三十三回忌や五十回忌が終わった後に合祀墓に移されるところがほとんどです。しかし最近は「永久にその場所で」と謳っているお墓もありますので、詳細をよく確認してみましょう。

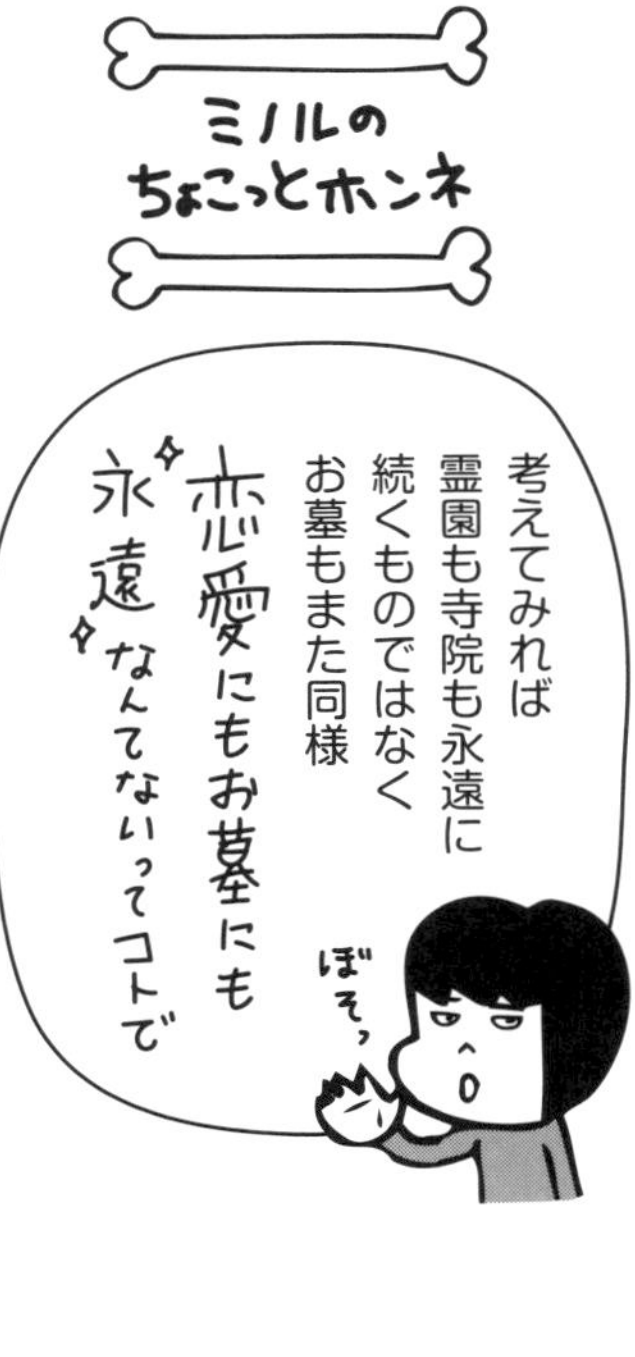
ミノルの
ちょこっとホンネ
考えてみれば
霊園も寺院も永遠に
続くものではなく
お墓もまた同様
恋愛にもお墓にも
永遠なんてないってコトで
ぼそっ

季節を感じるお墓

〜樹木葬〜

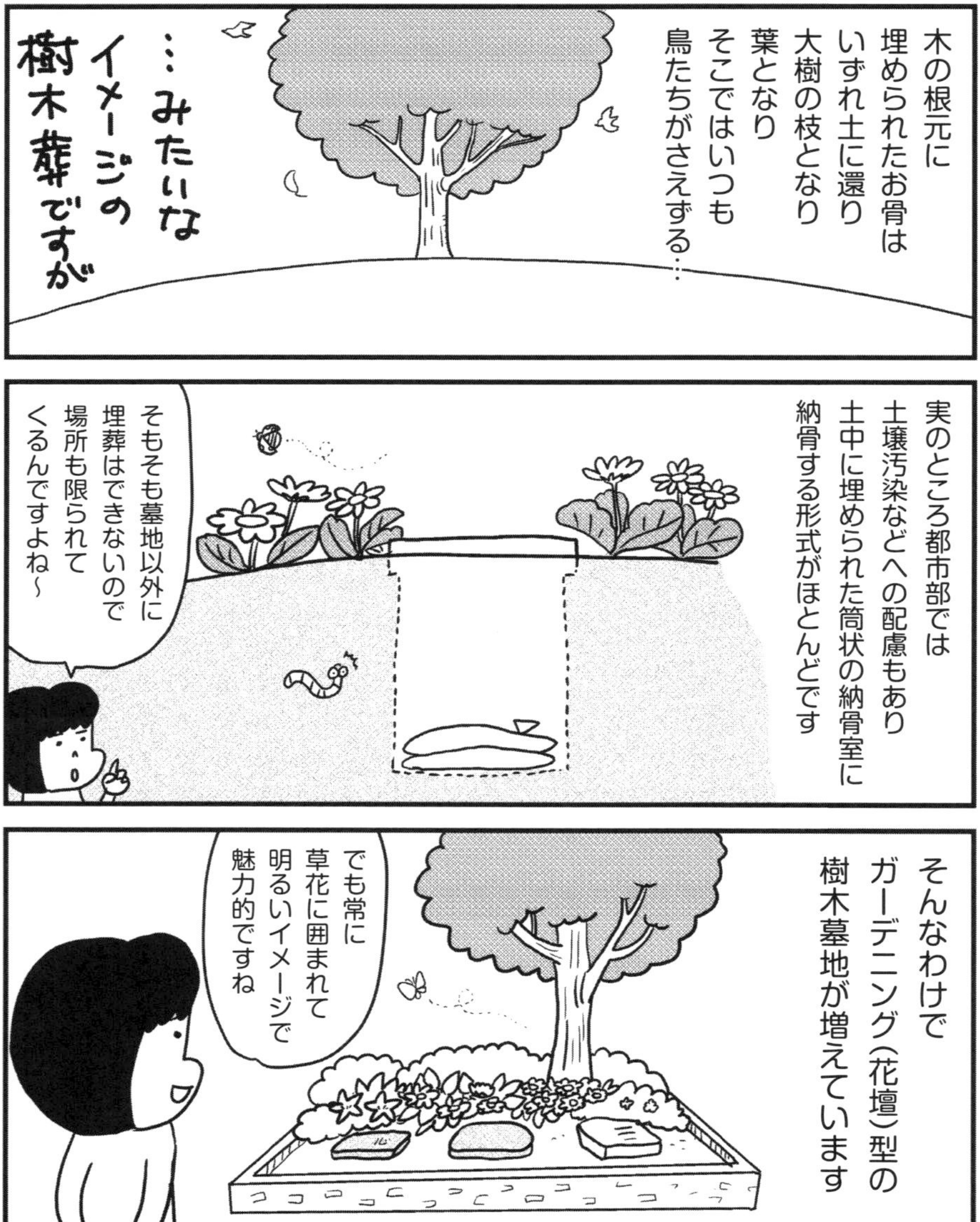

樹木葬Q&A

Q 花壇のような樹木墓地ではなくもっと自然に近い樹木葬はありますか？

A 日本で最初に樹木葬を始めたのは岩手県一関市の知勝院《ちしょういん》で、自然豊かな雑木林に埋葬し墓標は建てない、いわゆる「里山型」と呼ばれる形の樹木葬を行っています。

また、樹木葬ではありませんが、島根県隠岐のカズラ島（島がカズラと呼ばれるつる植物で覆われている）は無人島全体が自然散骨場になっている国内唯一の施設です（こちらも建築物や墓標は建てられません）。

地方にはこのような自然に近い墓地や散骨地もありますが、都市部ではなかなか難しいのが実情です。

ミノルのちょこっとホンネ

樹木墓地は、自然のものゆえ冬は葉の落ちた姿になったり場合によっては枯れてしまうこともあることは了解しておくべきもし枯れてしまったとしても新しい木を植えてくれます

Q 好きな樹木を選べますか？

A 樹木によって向き不向きもあるので、どんな樹木でもOKとはいきませんが、いくつかの選択肢から選べるところが多いようです。

長倉山 知勝院

「花に生まれ変わる仏たち」が樹木葬のコンセプト。墓石やカロートなどの人工物は一切設置されていないので、埋葬地も山ツツジなどの草木が目印となる。

岩手県一関市萩荘字栃倉73-193
☎0191-29-3066（夜間転送16:00－8:30）

カズラ島

大山隠岐国立公園内にある無人島で、島全体が自然散骨所となる。法令で建築物が許可されていないので、将来にわたり自然保護が約束されている。

島根県隠岐郡海土町
☎08514-2-0642（戸田葬祭サービス）

お墓にまつわる素朴なギモン

Q　そもそもお墓ってなければダメなもの？

A　遺骨をお墓に埋葬しなければいけないという決まりはなく、お墓は必ずなければならないもの、というわけではありません。埋葬せずに散骨したり手元供養をするという選択肢もあります。

Q　いつも身近に感じていたいから、庭にお墓を作っちゃいけませんか？

A　「墓地・埋葬等に関する法律（通称・埋葬法）」で、知事の許可を受けた墓地以外の区域に埋葬を行ってはいけないと定められているため、庭や私有地にお墓を作ることはできません。散骨（P48）は埋葬ではないため、その限りではありませんが、目印となる墓標を建てたり、土をかけたりすることはできません。

Q お墓って石じゃないとダメ？

A 墓の区画を確保し納骨も済ませたものの、まだ墓石が出来ていない場合などに、仮のお墓として木の棒（墓標）を建てる場合もあり、「石でなければダメ」と決まっているわけではありません。しかし耐久性の点から考えても、できるだけ早く墓石を建てたほうがよいでしょう。

これじゃダメっすか？
お墓です

木で出来た仮の墓
石材店さんの言う「墓標」とはコレを差すことが多い。

墓標とは別に木の板に文字を書いたものがお墓に立てられているのを時々見るけどあれはなに？
あれは卒塔婆《そとうば》といって供養グッズのひとつ
立てるか立てないかは宗派や地域によるんじゃ
ストゥーパ（仏舎利塔）という言葉から来ておる

日本のお墓ヒストリー

12	11	10	9	8	7	6	5	4	3	2	1	世紀

旧石器時代
（墓らしき遺構も発見されている）

縄文時代
定住化に伴い、住居の近くに墓が作られるようになる
貝塚などからも人骨が発見されている

弥生時代
土に穴を掘り遺体を直接埋める「土坑墓《どこうぼ》」が主流
甕《かめ》を二つ合わせた甕棺や木棺に遺体を入れて埋葬するようになる

古墳時代
巨大古墳の登場

庶民は共同の埋葬地に葬られた

飛鳥時代

奈良時代

平安時代
貴族を中心に火葬が行われるようになる
京都では遺体は洛外の鳥辺野《とりべの》・紫野《むらさきの》・化野《あだしの》などの葬送地に運び、庶民は風葬、貴族は火葬した

21	20	19	18	17	16	15	14	13

鎌倉時代
五輪塔《ごりんとう》型の墓が人気に

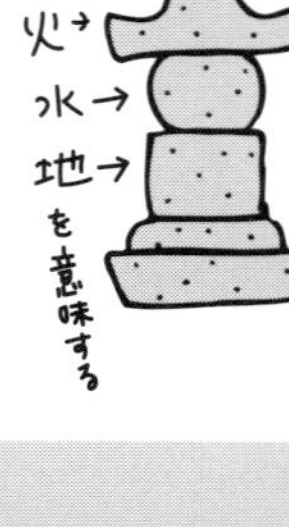
空
風
火
水
地
を意味する

南北朝・室町時代
庶民は遺体を土葬した「埋め墓」と墓参りのための「詣り墓」の両墓制に

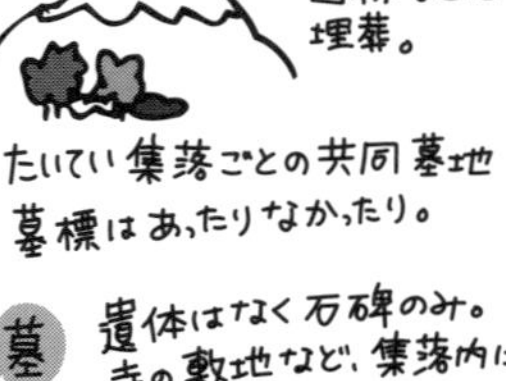
埋め墓
遺体は人里離れた山林などに埋葬。
たいてい集落ごとの共同墓地
墓標はあったりなかったり。

詣り墓
遺体はなく石碑のみ。
寺の敷地など、集落内にあった。

安土・桃山時代

江戸時代
角柱の三段墓が一般的に

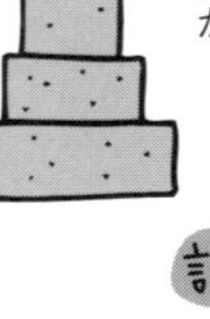

明治
火葬が増え始める

大正

昭和

平成
ロッカー式納骨堂などバリエーション豊かに

令和

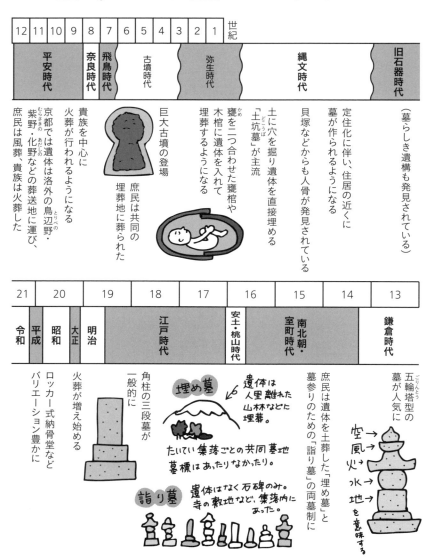

第2章

いろいろなお墓

海洋散骨 取材してきた!

「死後のことはこだわらない」派に人気なのが
散骨《さんこつ》
ですが…
遺体遺棄になったりしないの？
1991年に法務省が
節度をもって行われる限り違法ではない
という見解を出しましたが
散骨に関する法律はないため正直
グレー
な部分が多いです。
節度ってナニ？
散骨に関する法律はないものの
遺骨は2ミリ以下に粉砕しなければいけない
上から土をかけたり墓標をたてては いけない
など決まりも多いようで…
NG
木や石もダメ!!
埋葬は墓地以外の場所にしちゃダメなのね

散骨といえば
やはりメジャー
なのが
海洋散骨
ですが…
母なる海に還り
大自然に抱かれる
というイメージゆえ…
のみならず
ぶっちゃけ
公共の場所ダメ!!
農作物に影響あるから畑ダメ!!
他人の私有地もちろんダメ!!
条例で禁止されてる場所もアリ!
うっかり土かけちゃったりしたら ヘタすりゃ犯罪!?
…と、なんやかんや
NG多い
海が一番無難
てのもあるようです
海でも
海水浴場や漁場の
近くはNGですよ~
お父さん…
安らかに眠ってね~…
えっ!?
ギョッ!!

個人で散骨を行うこともちろんできますが
いろいろなルールもあるので業者さんに頼むのがやはり安心ですね～
散骨業社ってたくさんあるのね～
スイスイ
港町・神戸
というわけで神戸の海晃《かいこう》さんを取材しました
PORT TOWE
お～これが今日の船ですか
海上から神戸の山と街を見渡せてまるでクルージングみたいですね～
天気がよければ…
あいにくの雨
しかも寒い…
編集Mさん
しとしとしと しとしとしと しとしとしと
数日前にお天気がわかっていれば日にちの変更もできますので
もちろん荒天の時は延期になります。
(株)海晃
チーフアドバイザーの大西康人さん

今回取材させて
頂いたご家族は
おばあちゃんの
お骨を散骨される
とのこと
海運関係の
お仕事をされていた
おじいちゃんの遺骨を
散骨した
海に
自分も
撒いてほしい
との遺言だった
そうです
故〇山△子様
散骨ポイントまでは
ビヨオオオオオオ オオ…
う…
雨足が…
船で約30分
散骨ポイントに
着いたら
おごそかに
鐘が鳴らされ
カーン
カーン
黙とう…
遺族が順番に
お骨を撒いていきます

お花やお清めの酒・塩・水をまいて
再び黙とう
故人とお別れします
船は散骨ポイントをゆっくり三度旋回してからそこを離れました
時間にして約一時間半のクルーズ
墓標がないのはやはり少しあっけないような気もしましたが
たとえ年月が経とうとも変わらずそこにあるであろう海は永遠の墓標と言えるのかもしれません

趣旨を見失いがちな2人

散骨Q&A

ゴリ
ゴリ

Q 業者に頼らず自力で散骨したい！自宅で遺骨を粉砕しても「死体損壊罪《したいそんかいざい》」には問われない？

A 1991年に法務省が「葬送のための祭祀として節度をもって行われる限り違法性はない」との見解を示しており、節度を持って行えば罪に問われることはありません。

ただ、人一人分の焼骨を2ミリ以下に粉砕するのはなかなかの大仕事ですし、大変だからといって途中で放棄することは許されません。

粉骨だけのサービスもあるので（約2万円前後）よく検討してみましょう。

ミノルのちょこっとホンネ

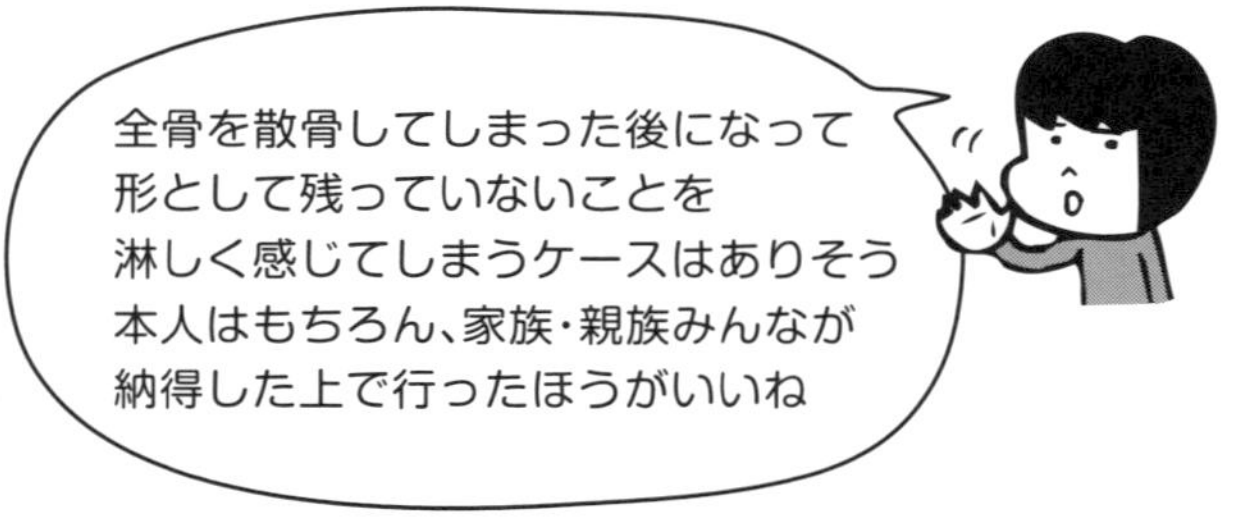
全骨を散骨してしまった後になって
形として残っていないことを
淋しく感じてしまうケースはありそう
本人はもちろん、家族・親族みんなが
納得した上で行ったほうがいいね

Q 山登りが大好きだったお父さん。山に散骨してもいいかしら？

A 土地の所有者の許可があれば、陸地への散骨も可能です。ただ、散骨を条例で制限・禁止している市区町村もあるので、よく確認しましょう。
また、自己の所有地に散骨した場合でも、売却の際には売買に関する重要事項として記載する必要があり、不動産価値への影響も考えられます。近隣トラブルに発展したケースもありますので、十分な注意が必要です。

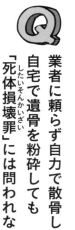

株式会社 海晃《かいこう》

神戸居留地海岸通南波止場より出航(90−120分)。散骨の乗船日、人数などは事前に打ち合わせをして、それぞれのニーズに合わせたプランを提案してくれる。代行散骨はもちろん、一周忌や三回忌などの特別な日に散骨場所へお参りをするメモリアルクルージングなども行っている。

兵庫県神戸市中央区海岸通8番神港ビル8階
☎078-391-3880

須磨浦山上遊園の回転展望閣

- **代行海洋自然葬**(乗船なし)
  4万5千円(税別)
- **2名様乗船海洋自然葬**(乗船人数・1組2名様)
  7万円(税別)
- **2組様合同海洋自然葬**(乗船人数・1組4名様)
  16万円(税別)
- **1組様海洋自然葬**(乗船人数・1組8名様)
  25万円(税別)
- **夫婦・墓じまい・複数ご遺骨海洋自然葬**
  (乗船人数・1組10名様)
  30万円(税別)

回転展望閣からの眺め

お参りは真下が散骨ポイントの「須磨浦山上遊園の回転展望閣」がおすすめ！

他エリアの散骨

ミキワ(東京湾)
☎048-212-7186

やすらか庵(東京湾)
☎0120-655-480

バトーセレモニー(大阪湾)
☎0120-917-352

蒼コーポレーション(相模湾)
☎045-962-0508

沖縄海洋散骨サービスセンター(沖縄沖)
☎098-923-4258

お墓のマンション

～納骨堂～

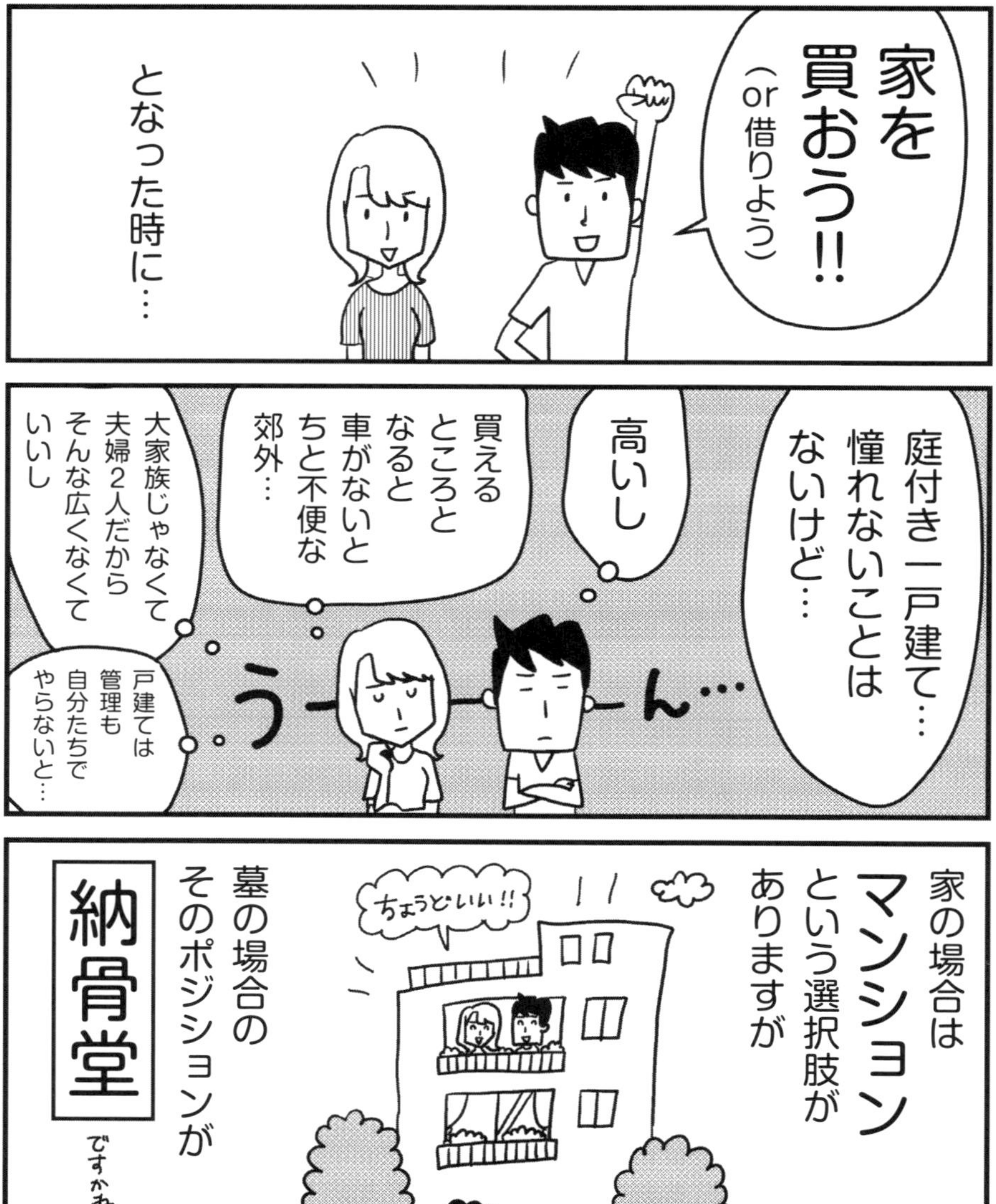

仏壇型や
それより少し小さめの
ロッカー型
など種類もいろいろですが
いずれにしても
建物の中にあるので…
価格面の他にも
立地の良さ
駅近
アクセスバッチリ
METORO
利便性の高さ
バリアフリー
お掃除不要
天候に左右されない
などが魅力です
折りしも
東京都心に新しい
納骨堂がオープンし
注目を集めている
とのことだったので
取材に行って来ました
墓をたずねて三千里。
※大阪⇔東京間は140里くらいです
バビューーーン

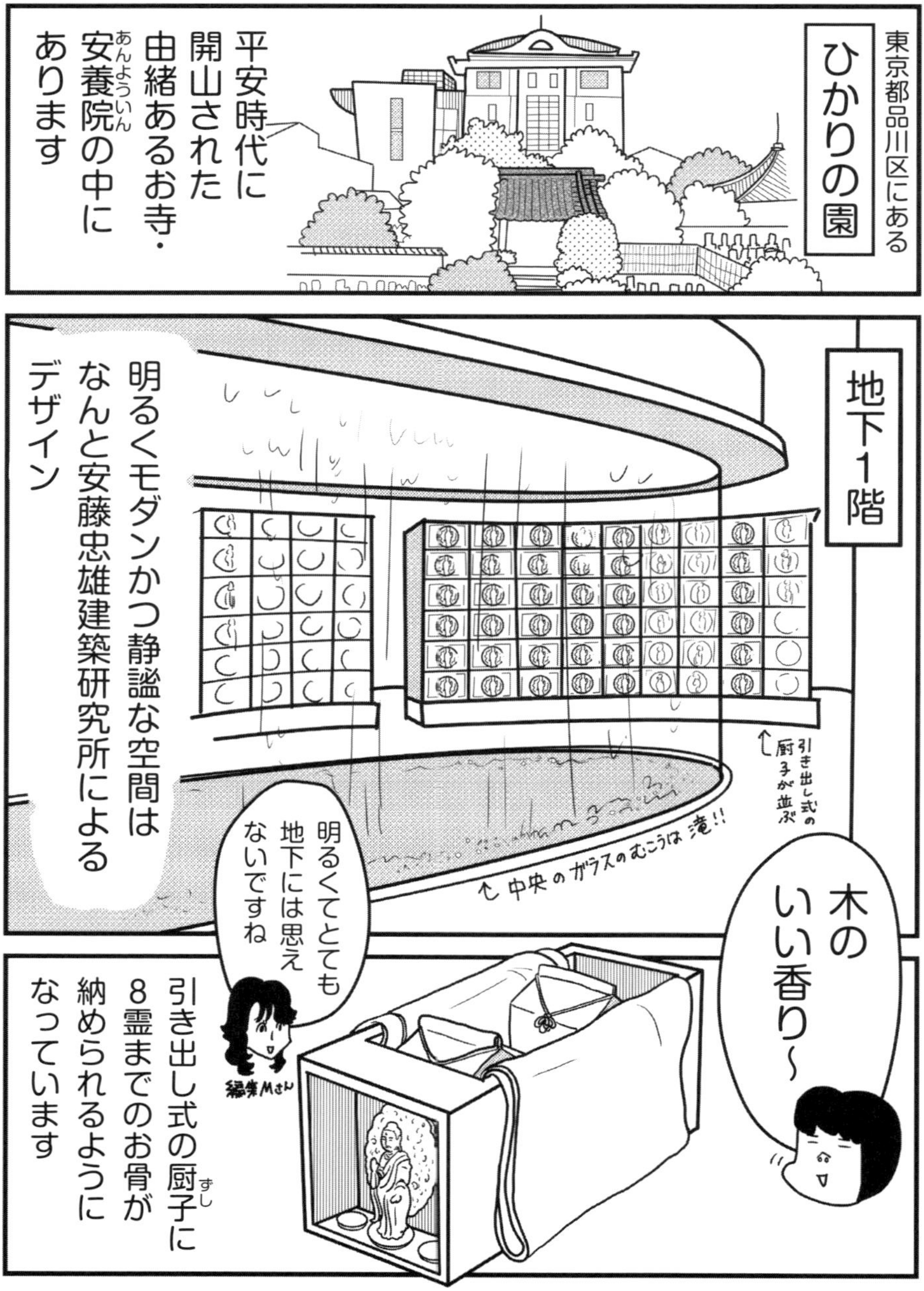

東京都品川区にある
ひかりの園
平安時代に開山された由緒あるお寺・安養院《あんよういん》の中にあります
地下1階
明るくモダンかつ静謐な空間はなんと安藤忠雄建築研究所によるデザイン
引き出し式の厨子が並ぶ
中央のガラスのむこうは滝!!
木のいい香り〜
明るくてとても地下には思えないですね
編集Mさん
引き出し式の厨子《ずし》に8霊までのお骨が納められるようになっています

圧巻ですね〜
でもこんなにあるとどれが自分のとこのかわからなくなりそう…
キョロキョロ
ご安心ください
このカードを機械にかざしていただくと厨子が光るシステムになっていますので
ピカー
すぐ見つけていただけますよ
安養院 ひかりの園
ハイテク!!
3階
こちらも引き出し式の厨子ですがプレミアム感増し増しフロア
こちらは約300基限定のフロアです
厨子も特別仕様です
廊下側は全面ガラス張りで日当たり&眺望◎!!
見晴らし素敵〜〜
このフロアには特別応接室や法要のできる特別参拝室もあります

2階
こちらは書架式納骨堂という珍しいタイプの納骨堂
まるで図書館ですね〜!!
おぉ!
本をイメージした紙筐(魂手筐《たまてばこ》)にご遺骨を納め書架に立てて収納します
お骨は お骨袋に入れて
お骨以外にも 写真や 手紙なども入れられる
この紙筐タイプはご自宅にお持ち帰りいただくこともできます
法要の時やご命日などに
わ…私、電車の中とかに忘れそう…
わ!! お持ち帰りBAGが信三郎帆布!!

隣の建物には
自動搬送式の納骨堂
「ひかり陵苑《りょうえん》」があります
何か所かの参拝スペースがある
カードを入れると
参拝スペースまで遺骨を
納めた厨子が自動搬送で
やって来るのです
参拝スペース
ナムー
遺骨を納めた厨子
納骨スペース
ちょうど
母娘らしき一組が
お参りをして
おられました
名前や家紋etc
屋内でする
普通のお墓参り
って感じだから
高齢者の方などにも
抵抗は少なそう
見た目も普通の洋墓だしね

※性的少数者(セクシャルマイノリティ)を表す言葉のひとつ。

納骨堂Q&A

Q 自動搬送式納骨堂、機械トラブルや地震などでお骨が出てこないようになったりしませんか？

A 世界中の物流や保管などで活躍している搬送システムで管理し、メンテナンスをしっかり行うことにより、リスクを可能な限り低減しているところがほとんどです。

Q 納骨堂に納めたお骨は将来的にはどうなりますか？

A プランにもよりますが、一定年数が経過した後に永代供養の合同墓に合祀されることになっている場合が多いです。

ミノルのちょこっとホンネ

夫婦墓のように
少人数での納骨には
いいけど、代々のお骨を
納めるのは不向きかな。
あとはやはり、先々の施設の
経年劣化が心配ではあります

ひかりの園

平安時代に天台宗第三世、慈覚大師により開山した臥龍山安養院《がりょうざんあんよういん》では、従来からの外墓地の他、2012年に自動搬送式納骨堂「ひかり陵苑」を、2019年の春には、決まった場所に遺骨を納める納骨堂「ひかりの園」をオープン。打ちっぱなしのコンクリートにガラス張りの窓がひときわ目を引く外観は、安藤忠雄建築研究所の設計。「ひかりの園」は「書架タイプ」と「厨子タイプ」の2種類で、書架タイプは、図書館のような書架室にご遺骨が入った本型の箱（魂手筺）を収納し、お彼岸やお盆の時期などはご遺骨を持ち帰り自宅で供養もできる。地階と3階は骨壺を入れる厨子タイプで、1つの厨子に1体の釈迦如来像が飾られている。

東京都品川区西五反田4-12-1
☎0120-594-154
9:30－17:30 / 無休

書架タイプ（魂手筺《たまてばこ》） 1霊1冊 38万円～

※使用期間は3年、7年、13年の3タイプ（最長23年まで延長可）で、期間終了後は合祀墓にて永代にわたり供養される。

厨子タイプ 1厨子 70万円～

※厨子使用期間は50年で、期間終了後は合祀墓にて永代にわたり供養される。

書架タイプ

厨子タイプ

仏様と一体化

〜お骨仏〜

お骨仏《こつぶつ》
（または こつぼとけ）
内部に遺骨を納めた仏像のこと
お骨IN
古くは智証大師の遺骨を納めた三井寺の「御骨大師」などもあります
平安時代の作。国宝です。
有名なのは大阪の一心寺《いっしんじ》
一心寺と言えば大坂冬の陣の時に徳川家康の本陣が置かれたことで知られていますね
歴オタ↓
一心寺のお骨仏は遺骨とコンクリートを混ぜて造る「一体型」で明治20年に1体目が造立されて以来
10年分の遺骨で1体が造られ現在8体のお骨仏が祀られているそうです
約130年の歴史があるのね
残念ながら戦災で6体が焼失しちゃったんだって〜
アシスタントS→
一心

お骨仏のお寺は全国にいくつかあるんだけど東京で有名なのは本寿院《ほんじゅいん》さん
取材OKいただきました!!
編集Mさん
東京都大田区にある
山王山 本寿院
本寿院
ようこそいらっしゃいました
住職・三浦尊明《みうらそんみょう》さん
本院では平成17年に1体目のお骨仏を建立し現在は宗派問わず広く受け入れさせていただいてます
「いかにもお寺」な外観ではなくて通りすぎちゃいました
都会のお寺ってかんじです〜
大津に本院のある由緒ある寺ですが東京は会館型の建物なんです
もともとは三井寺の山内にあったんです。
日光や神奈川、千葉にも別院があるんですよ

3階本堂
向かって左の2体は一体型として建立したんですが
それですとある程度の人数分が集まるまで開眼供養をお待ちいただかなければならないので
一番右側の3体目から胎内型にしました
胎《たい》内《ない》型《かた》とは…
IN
仏像内の空洞に遺骨を納めるタイプのお骨仏
現在約1000人の方々の遺骨が納められています
そんなに？

お骨仏に納めるのは全骨ではなくご遺骨の一部です
余骨は日光分院の樹木葬「さくらん墓」に合祀させていただきます
希望があれば余骨を海洋散骨したりもちろん別のお墓に埋葬することもできますよ
なるほど――
将来に渡ってのお墓の維持・管理に心配をされる方がとても多いんです 自分の心配というよりお子さん・お孫さんのことを案じられる方も多くて…
こちらでしたら仏様と一体となっていつまでも祈ってもらえると安心していただいてます
いつでもお参りできるのもありがたいですね
はい 365日開けておりますし毎日読経をお勤めしております
仏様と一体となって多くの人の祈りの対象となる…
確かにこれ以上ない永代供養の形かもしれません

本堂では仏前で写経などをすることもできます
どなた様でもご自由に写経を体験していただけます
手を合わせるだけじゃなくこういう過ごし方もいいですね
予約なしでもいつでも出来るのはありがたい!!
本堂の一角で静かに土をこねている外国人らしき女性がいました
あれは？
あれはつちぼとけ様といって土をひねって作る仏像です
手元供養用に制作される方も多いですよ
※つちぼとけ制作は要予約

なぜ外国の方が?と興味が湧いたので尋ねてみました
なぜつちぼとけを?
仏教徒?それともエキゾチックジャパン的な?
私は日本とアメリカのハーフなんですが
住んでいるのはアメリカです
日本の色々な仏教行事を映像作品にしたくて各地で見て回っています
それに私にも亡くなった赤ちゃんがいるので
その子の供養の為につちぼとけを作っています
そう言って彼女は大切そうに土をひねり仏様を作っていました
墓を建てるということではなくともこういう形で自分なりの供養もできるんですねー
約2ヶ月でお手元にお送りしますので

亡くなった人がどうかではなく我々がどう生きていくかが宗教だと私は思っています
「こうしなければならない」ということは意外と少なくそれから解放されれば皆様もう少し楽になるのでは…
こちらでは戒名《かいみょう》を自分で考えることもできるんですよね
えー!!
戒名ってお寺につけてもらわなきゃならないんじゃないんですか!?
そして高いイメージ!!
戒名とは戒律を授かり仏弟子になった時に頂く名ですが、
菩提寺に埋葬するならそこで付けて頂くべきですが…
当院では一緒に考えることもできますのでご相談ください
付けてはいけない字など決まりもあるのでご指南します
ちょえ何にするうう…?
ペンネームですら悩みまくったのに…
盛りたいけど
えっ何コレ
キラキラ戒名じゃんはっず…
とかって子孫に笑われたくないし…
…聞いてます?

本《ほん》寿《じゅ》院《いん》

東京都大田区南馬込1-16-2　☎03-3772-8889
9:00－18:00 / 無休

千空山 大福院
千葉県市原市石塚645番地
☎080-4329-8889

西方山 広徳寺
埼玉県本庄市児玉町児玉1504-3
☎0495-73-4109

霊符山 尊星王院
栃木県日光市瀬尾3123-5
☎0288-25-7356

三井山 本寿院
滋賀県大津市大平2-17-6
☎077-526-0006

宗教法人・円宗院
神奈川県平塚市東中原2-17-7
☎0463-33-9004

お骨仏とは…

仏像の胎内にパウダー状にした遺骨を納骨(分骨)する新しい納骨・供養の形。遺骨を土と混ぜて固めてつくる一体型と、仏像の中の空洞に遺骨を納める胎内型の2種類があり、本寿院は胎内型で、本堂内に安置されている阿弥陀如来の胎内に納める。毎日お花や燈明焼香に包まれ、いつまでも仏様として祈られ供養される。遠方の場合は送骨にて遺骨を郵送することもできる。「ネット霊園」も開設しているので、ネットの上でお参りも可能。

本寿院のお骨仏

お骨仏(1霊位) 3万円
※年間の管理料などは不要

手元供養 つちぼとけとは…

土で作った仏様のこと。遺骨の一部をつちぼとけの胎内に納め、自宅で供養ができる。本寿院では、つちぼとけを住職が手作りで一体一体心を込めて造仏している。また、つちぼとけは自分で作ることもでき、体験教室を毎日開催。お墓を持たない人のお墓の代わりとしてもおすすめ。

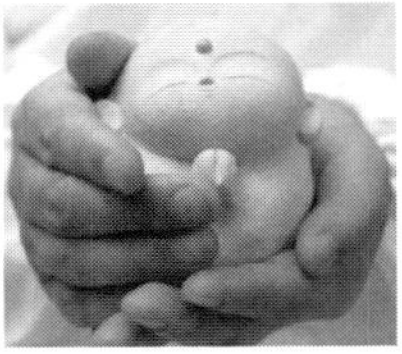

手元供養
つちぼとけ(1霊位)
5万円

つちぼとけ体験教室 3千円(税込)
(毎日開催 9:00–17:00 / 予約不要)

全国のお骨仏があるお寺

国上寺(一体型)
新潟県燕市国上1407
☎0256-97-3758

金戒光明寺(一体型)
京都府京都市左京区黒谷町121
☎075-771-2204

法然寺(一体型)
香川県高松市仏生山町甲3215
☎087-889-0406

浄光寺(胎内型)
神奈川県横浜市旭区白根8-1-18
☎045-953-3650

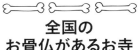

お骨仏Q&A

Q お骨仏に入れてもらいたいけれど、遠方で体も不自由なため、お寺まで行くのが困難です。お骨を宅配で送るのってアリですか？

A 遺骨の郵送は、日本郵便のゆうパックでのみ可能です。お骨仏だけでなく、永代供養や散骨などのために郵送での遺骨の受け取りを実施している寺院や業者もありますので、受け取りが可能であるかを先方に確認したうえで、ゆうパックで送りましょう。ただし、損害賠償制度の対象外となるため、万が一、宅配途中で紛失や汚損があったとしても賠償されません。また国外への郵送はできません。

Q 必要な手続きや書類はありますか？

A 他の埋葬（お墓や納骨堂などへの納骨）と同様に「埋葬（火葬）許可証」または「分骨証明書」が必要です。ちなみに、万一、埋葬許可書を紛失した場合、5年以内なら火葬した自治体で再発行してもらうことができます。

Q 一旦、お骨仏に納めてもらった遺骨を返してもらうことはできますか？

A 遺骨は個別に納めるわけではなく、他の遺骨と混じってしまうため、一旦納めたお骨を返却してもらうことはできません。

Q 墓はあるのですがお骨仏にも魅力を感じています。

A 分骨という形で、お骨仏とお墓の両方に納めることができます。全骨をお骨仏の寺に納めたとしても、お骨仏に納めるのはお骨の一部で、残りのお骨はお骨仏の寺の永代供養合葬墓に納骨される場合が多いようです。

本寿院さんに質問

Q 「つちぼとけ」に遺骨を混ぜて自分だけの骨仏を作ることは可能ですか？

A 土に不純物である遺骨を混ぜると、仏像を釜で焼き上げる際に割れてしまう可能性があるので、素人の方が作られる場合はおすすめできません。

本寿院さんに質問

Q 自宅供養として置いている「つちぼとけ」ですが将来、お寺で引き取って供養していただくことはできますか？

A 大丈夫です。そういった場合、本寿院ではお預かりして供養いたしますのでご安心ください。

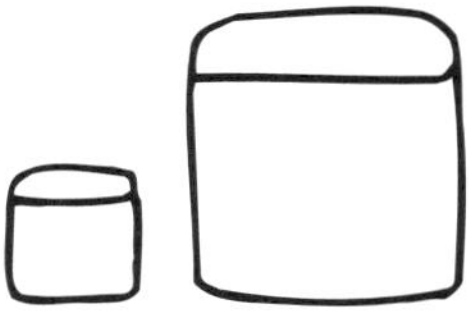

ミノルのちょこっとホンネ

お寺が存続する限り、仏様として祀ってもらえるお骨仏は
永代供養として理想的かも。
ただ、他の人の遺骨と混じり合うことに抵抗があったり
固有の墓を持ちたい人には不向きですね

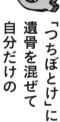

仏教以外のお墓のこと

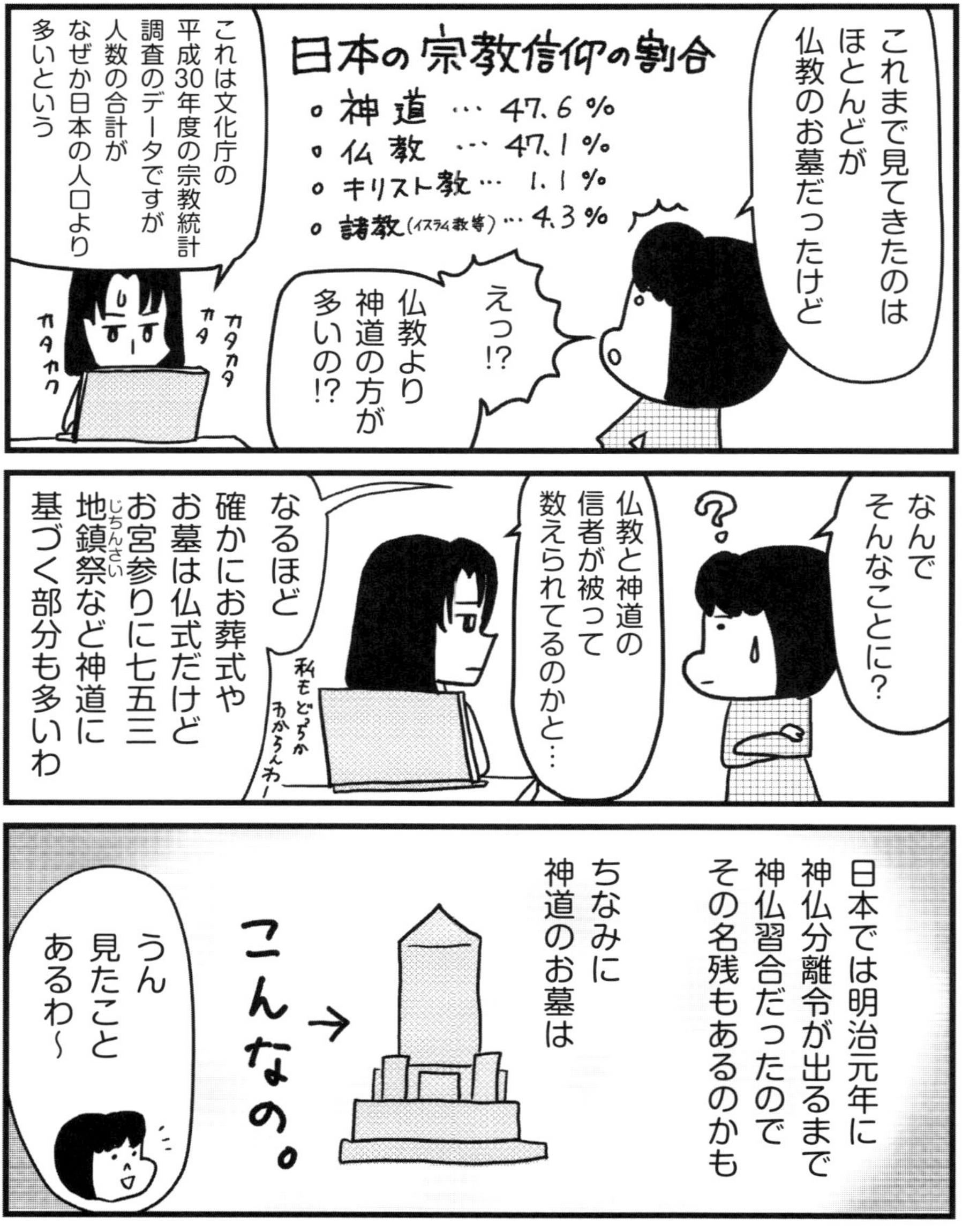
これまで見てきたのはほとんどが仏教のお墓だったけど
日本の宗教信仰の割合
・神道 … 47.6%
・仏教 … 47.1%
・キリスト教 … 1.1%
・諸教(イスラム教等) … 4.3%
えっ!? 仏教より神道の方が多いの!?
これは文化庁の平成30年度の宗教統計調査のデータですが人数の合計がなぜか日本の人口より多いという
カタカタ カタ
カタカタ
なんでそんなことに?
仏教と神道の信者が被って数えられてるのかと…
なるほど確かにお葬式やお墓は仏式だけどお宮参りに七五三地鎮祭《じちんさい》など神道に基づく部分も多いわ
私もどっちかわからんわー
日本では明治元年に神仏分離令が出るまで神仏習合だったのでその名残もあるのかも
ちなみに神道のお墓は
こんなの。
うん見たことあるわ〜

一般墓地で キリスト教の お墓も チラホラ 見かけたな～
海外ドラマで 見るような 芝生に十字架とかは あまり見ないけど～
キリスト教の お墓って 個人墓で土葬 らしいけど
さすがに 今の日本じゃムリそう …？
キリスト教の お墓を建てた知り合い だれかいないかな～…
もぐ もぐ もぐ もぐ
と思っていたところ
いますよ
編集Mさんの 後輩 Yさん
え～!! 取材させて ください
実は私の幼なじみが ガンで亡くなって…
彼女のお父さんが キリスト教徒で… キリスト教のお墓を 建てられたんです
そっか…
若い人なんだね…

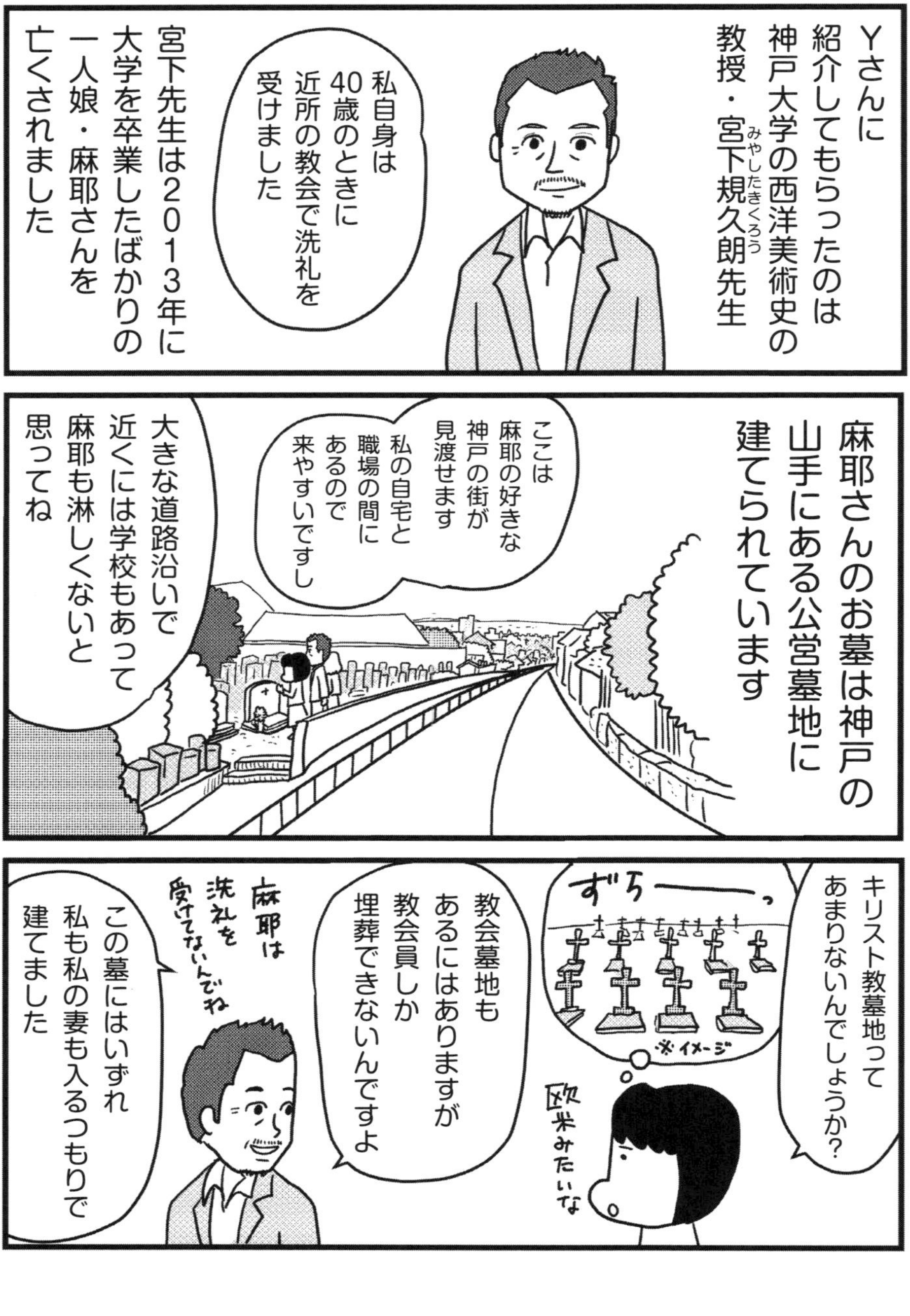
Yさんに紹介してもらったのは神戸大学の西洋美術史の教授・宮下規久朗《みやしたきくろう》先生
私自身は40歳のときに近所の教会で洗礼を受けました
宮下先生は2013年に大学を卒業したばかりの一人娘・麻耶さんを亡くされました
麻耶さんのお墓は神戸の山手にある公営墓地に建てられています
ここは麻耶の好きな神戸の街が見渡せます 私の自宅と職場の間にあるので来やすいですし
大きな道路沿いで近くには学校もあって麻耶も淋しくないと思ってね
キリスト教墓地ってあまりないんでしょうか?
ずらーっ
※イメージ
欧米みたいな
教会墓地もあるにはありますが教会員しか埋葬できないんですよ
麻耶は洗礼を受けてないんでね
この墓にはいずれ私も私の妻も入るつもりで建てました

「ありがとう」の文字は麻耶の手紙から写したもので白い蝶も彼女を象徴するモチーフです
ありがとう
墓の場所を探したりデザインを考えたり…
墓を建てることに没頭することで娘が亡くなったことを少しずつ受け入れ気持ちを整理する一助になったようにも思います
正直娘を亡くした直後は絶望のあまり宗教に対しても怒《いか》っていました
救ってなどくれないじゃないかってね
でもやはり死が避けられないものである以上祈るという行為・祈りの場は必要なんだと思います
お墓は「見える他界」なのかなと…
友だちもみんな変わるがわる麻耶に会いにここに来てるもんね～
僕なんて歩いて来たりしてるよ～
いい運動になるよ～
ほんと気持ちのいい場所ですね
キリスト教墓の取材のつもりでしたが宗派の違いを超えてグリーフケア（遺族への心のサポート）としてのお墓の意義を改めて感じた一日でした

神道のお墓

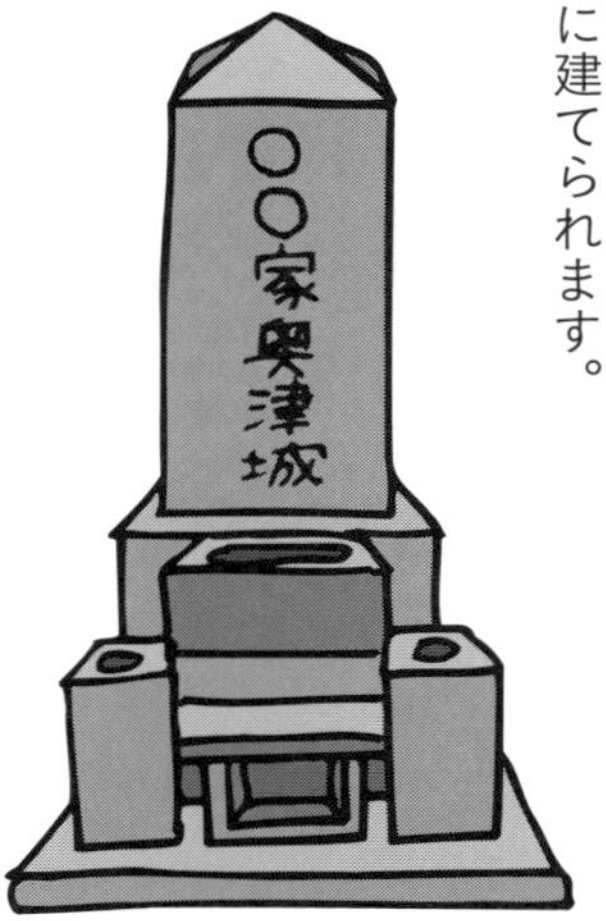

神道は森羅万象《しんらばんしょう》に神（八百万《やおよろず》の神）が宿るとする日本固有の信仰です。奈良時代に仏教が伝来して以来、長らく仏教と融合したかたち（神仏習合）で人々に信仰されていましたが、明治元年に神仏判然令が出され神仏分離がなされました。

神道のお墓は、棹石《さおいし》の上部が三角形になった「角兜巾型《かくときんがた》」と呼ばれる形で、これは三種の神器のひとつ「草薙剣《くさなぎのつるぎ》」を表わしていると言われています。「○○家之墓」と刻まれる代わりに「○○家奥津城」と刻まれることが多いようです。神道では死は穢《けが》れとされていますので、神社の敷地内にお墓が建てられることはありません。宗教不問の公営墓地及び民営墓地に建てられます。

キリスト教のお墓

キリスト教では「最後の審判の日に、死者は復活し、神の裁《さば》きを受ける」と考えられているため、本来、火葬ではなく土葬するのが望ましいとされています。しかし日本で土葬のできる墓地はとても少ないため、日本国内のキリスト教徒のほとんどは火葬を選び、教会のキリスト教墓地だけでなく、宗教を問わない公営墓地や民営墓地に墓を建てています。教会が祈りの場であるため、墓は祈りの対象ではなく、故人の記念碑のような位置づけです。

イスラム教のお墓

イスラム教も「最後の審判の日に、死者は墓から復活し、神の裁きを受ける」と考えられていますが、キリスト教よりもっと厳格で、火葬はタブーとされ、死後できるだけ早く土葬するべきとされています。

日本では、都市部は条例により「土葬禁止区域」に指定されているところも多いとはいえ、法律で土葬は禁止されていません。しかし日本国内にムスリム霊園（イスラム教墓地）は数えるほどしかなく、国内に約15万人いるとも言われているムスリム（イスラム教徒）たちにとって大きな悩みの種になっています。ムスリムへの無理解もあり、周辺住民の反対運動によりムスリム霊園の建設が頓挫したケースもあります。

気の合う仲間と墓を建てるのアリですか？

〜地縁・血縁に縛られない墓〜

内田先生は哲学研究者ですよね?
フランス現代思想がご専門の思想家でもあり…
ライター&エディターの
青山ゆみこさんに
同行してもらいました
武道家として合気道道場「凱風館《がいふうかん》」を主宰しておられて…
私も門人なんです
凱風館
今回建てられたのはその凱風館を中心として関わりをもつ方のための合同墓です
合同墓は大阪府池田市の
如来寺《にょらいじ》
の墓地に二基の合同墓として建立されました
向かって右側は如来寺の合同墓「法縁廟《ほうえんびょう》」
左側は凱風館の合同墓「道縁廟《どうえんびょう》」です
凱風館を設計した建築士・光嶋裕介《こうしまゆうすけ》さんによるデザインです
光嶋さんも門人ですよ
多面的なデザインで様々な材質の石を使って多様性を表現しています
2つの墓の間の向こう側に如来寺があり、方角的にも真南なので、ここから太陽の光が差すんですよ

まるで家族のような心のつながりをもっている凱風館の門人たちですが
死後の墓に対して不安を抱いている人もとても多かったんです
内田樹 先生
それでみんなが入れて供養にもみんなで集えるそんな墓を建てようと思ったんですよ
如来寺で運営しているグループホームの人たちや
門信徒さんの中にも合同墓を望んでいる人が多いんですよ
如来寺住職で宗教学者
釈《しゃく》徹宗《てっしゅう》 先生
お墓を前にとにかくみなさん和気あいあいと笑顔なのが印象的でした
みなさん安心した表情だったな～
家族形態の変化でこれから合葬墓は増えていくだろうけど
知らない人と一緒の墓はちょっと…って人でも
あんなふうに気の知れた仲間との合葬はいいかもね

地縁・血縁が
希薄になってきた
今だからこそ
例えば
シェアハウスの仲間で
グループホームで
自助グループなどの
共同体で
などなど…
精神的な
結びつきによる
合同墓はこれから
増えていくかもね
課題として
承継をどうするか
一定年数後 永代供養プランにするといいかも
金銭面をどうするか
所有者が誰になるのか？も考えなきゃね
親族の理解を得られるか
分骨という選択もアリだね
など考えないと
いけないことも
多いけどね
ミノルとゆかいな仲間たち
もアリだね!!
なるほどね
んで、
の場合、
誰が一緒に
入ってくれるか
もね
私は入らんよ？ 墓あるし。
ズン…
デスヨネ。

ミノルのもっと知りたい！

生きてる間の〝縁〟でつながる合同墓

昨今、増えつつある地縁・血縁にしばられない合同墓。その最新スタイルともいえるのが、生前のコミュニティから誕生した「みんなのお墓」。それっていったいどんな感じ？

ミノル

地縁も血縁もない人が集まる凱風館が、なぜお墓をつくろうと思ったのですか？

内田

凱風館は合気道の道場でもあるけれど、相互扶助の基盤のような「場」ともなっていて、いろんなコミュニティが生まれてツリーのように広がっているんですよ。建物自体も道場兼自宅で、セミパブリック的に開放されています。だから人がゆるくつながる。そんな中で、ご両親や自分達のお墓について悩む声をよく耳にするようになりました。それならこうして今つながっているように、いわば死後の共同体としてお墓があれば安心だし楽しいよね、というのが発想のはじまりです。

ミノル

建碑されたのは、「如来寺」「凱風館」という二基の合同墓なんですよね？

釈

内田樹先生とは長くご縁があったのですが、ある日、凱風館の合同墓のご発案があったんです。実は如来寺でも、永代供養のための合同墓の構想を持っていました。それでこの度、二基の合同墓が建ち並び、みんなが一緒にお墓に入るという物語を共有できることになりました。仏法をご縁としたつながりと、合気道を通じて立ち上がる共同体を、このお墓を起点としながら紡いでいけるようにという思いから、如来寺のお墓を「法縁廟」、凱風館のお墓を「道縁廟」とさせていただきました。

ミノル

内田

釈

ミノル：例えば、私も凱風館のお墓に入れますか？　条件や費用の面などが気になります。

内田：基本的には、凱風館の門人をはじめとした関係者とその一親等。つまり配偶者やご両親等が条件になります。ミノルさんが門人となればもちろん可能です。ただ、生前に家族や親しい人に遺言していただく必要があります。それを名簿にして凱風館で管理します。費用面は、協賛金としてお一人10万円で永代供養。お得でしょ（笑）。お彼岸などの法要もしていただける。少なくとも50人や１００人はお入りいただけると思います。こうしたことが可能なのは、やはり如来寺という約３６０年続くお寺があって、釈先生とのご縁があったからですよね。本当に安心です。また凱風館は法人化していますので、その理事長が今後お墓も管理していきます。

釈：折々の法要では、如来寺と凱風館の合同墓とで、一緒にお勤めさせていただきます。建碑以来、既にもう何度もご法要を行っていますが、ここ本当に気持ちがいいんですよ。山の頂上なので、すごく見晴らしもよくて。

ミノル

光嶋

内田

ミノル：自分たちがつくった合同墓に入るってなんだかすごく楽しそうですね（笑）。

光嶋：お墓を設計した人間としては、「死ぬのが楽しみ」と思ってもらえるって最高ですよね。如来寺と凱風館の合同墓は、先端が尖っていて、あるポイントで重なると一つの家のように見える角度があるんです。お墓って家族に限らず、共同体にとっての家のような存在でもありうる。そのことをこの合同墓を設計しながら教えていただいた気がします。

内田：みんなでお墓参りして、宴会したいよね。桜のきれいな季節に。楽しみだなあ。

内田 樹

1950年東京生まれ。武道家（合気道7段）にして日本を代表する思想家の一人。道場兼能舞台兼私塾「凱風館」館長。神戸女学院大学名誉教授。

釈 徹宗

1961年生まれ。宗教学者・浄土真宗本願寺派如来寺住職。相愛大学人文学部教授。NPO法人リライフ（認知症高齢者のグループホーム「むつみ庵」）代表。

光嶋裕介

1979年アメリカ生まれ。早稲田大学理工学部建築科で石山修武に師事。光嶋裕介建築設計事務所主宰。2011年、建築家として初めて挑んだのが「凱風館」。

日本各地のお墓

斎場でのお骨上げ
関西は部分収骨

斎場でのお骨上げ
関東は全収骨

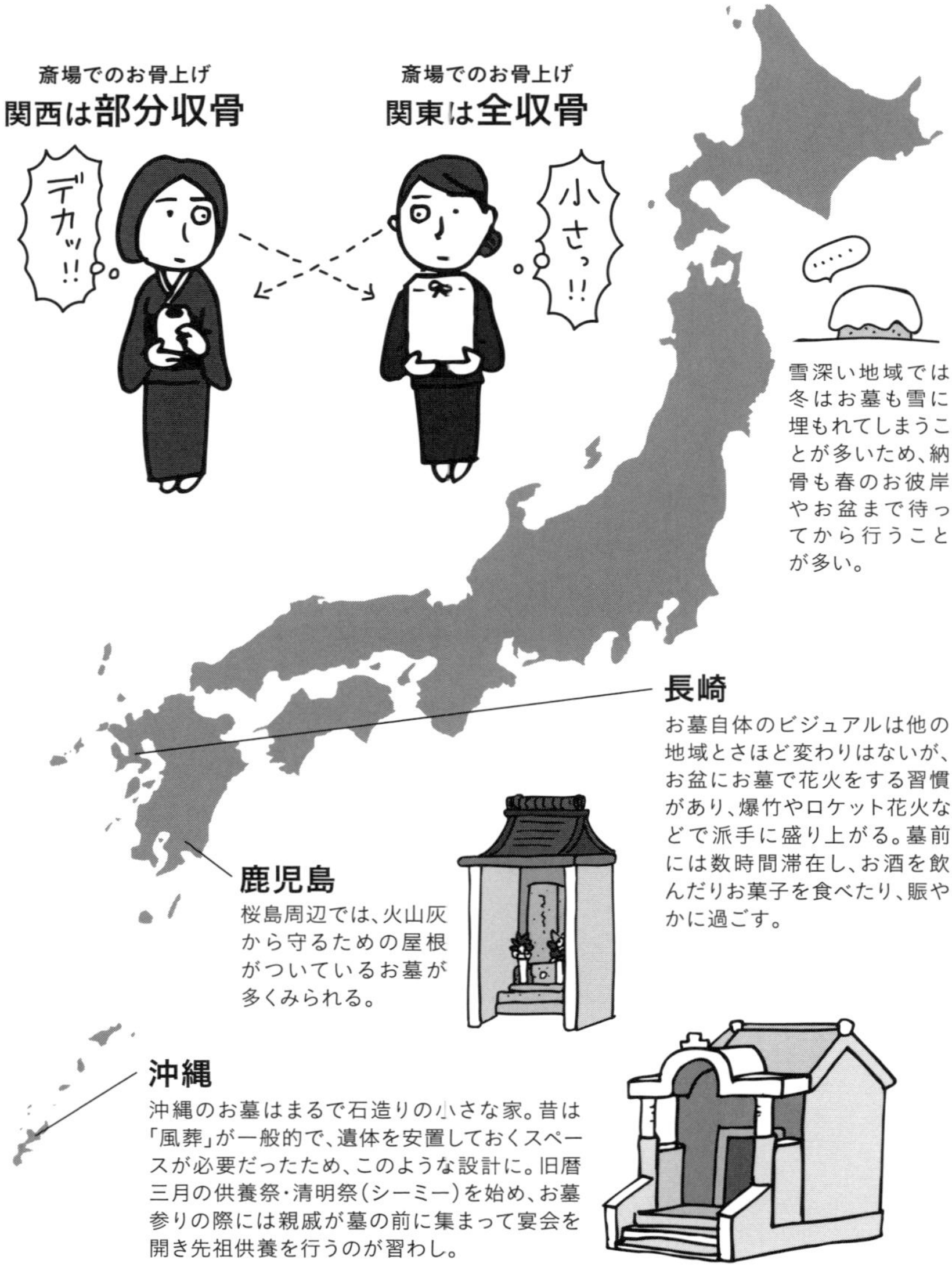

雪深い地域では冬はお墓も雪に埋もれてしまうことが多いため、納骨も春のお彼岸やお盆まで待ってから行うことが多い。

長崎
お墓自体のビジュアルは他の地域とさほど変わりはないが、お盆にお墓で花火をする習慣があり、爆竹やロケット花火などで派手に盛り上がる。墓前には数時間滞在し、お酒を飲んだりお菓子を食べたり、賑やかに過ごす。

鹿児島
桜島周辺では、火山灰から守るための屋根がついているお墓が多くみられる。

沖縄
沖縄のお墓はまるで石造りの小さな家。昔は「風葬」が一般的で、遺体を安置しておくスペースが必要だったため、このような設計に。旧暦三月の供養祭・清明祭（シーミー）を始め、お墓参りの際には親戚が墓の前に集まって宴会を開き先祖供養を行うのが習わし。

第3章

もっと深掘り！

んで、結局　墓どうする？

どうも
皆様
ぺこりんこ
ここまで
お読みいただきまして
ありがとうございます
正直申しまして
この本を
書きはじめた当初は
墓いらなくね？
という結論に
達するのではないかと
予想していたのですが…
取材すればするほど
いや
やっぱ墓
あったほうが
いいな
という方向に
大きく傾いております
ハイ。

そんな時、母方の祖母が亡くなりました
遺言により えらい若い時の写真
99歳
大正・昭和・平成・令和の4時代を生きての大往生でした
おばあちゃん…墓だけじゃなくて小寺の姓を継いで欲しいってずっと言ってたな〜…
でも誰も継がずにこれで小寺は途絶えてしまった…
法要の時にご住職に
小寺の墓だけが残ったんですが…
例えば井上姓の両親やM姓の私が小寺の墓に入るのはナシですよね〜?
と聞いてみたところ
いいんじゃない?
みんなで入ったら
あっさり
え
小寺の墓なのに!?
いいんですか?
おおっと
ここへ来て新たな選択肢浮上だぁ〜!!

わたしのお墓

祖母の法要の時のご住職の意外なお答えに
だれでも入っていいんだよ〜
って言ってらしたけど…
ふーむぅ…
そういえばこれまでお話を聞いたご住職も…
宗派は問いません
檀家じゃなくても大丈夫
「こうじゃなきゃダメ!!」ってのは思ってるより少ないのかも?
お墓や檀家《だんか》制度について初歩的なアレコレを教えていただくべく
合同墓《ごうどうばか》の取材でお世話になった釈徹宗《しゃくてっしゅう》先生を訪ねて相愛大学にやって来ました
釈先生　実は相愛大学人文学部の教授も勤めておられます
いらっしゃい
お世話になります〜
法衣じゃなくてスーツだ〜
教授モードだー!!

まずお寺のお墓というと檀家制度に関するギモンが…
そもそも檀家ってナニ？
絶対入ってるものなの？ 逆に檀家をやめたり入ったりできるものなの？
檀家制度は江戸幕府がキリシタン禁制などのためにすべての民衆をどこかの寺の所属にしたことが基盤です
我ら檀家
寺請状
ドキドキ
転居や旅の際にも寺請証文が必要だった
江戸時代には戸籍や住民票のような役割を果たしていたので非常に重要でしたが
現在、寺と檀家の関わりは葬儀や法事に関することが主となっていますね
檀家さんはお寺を資金面で支える代わりに手厚い供養を受けられる仕組ですが…
寺はこの先なくてはならないものではなくなってくるでしょうね～…
釈先生爆弾発言!?
いや本当に。今まさにお寺も過渡期ですよ

でも先生 私、取材していくうちに
お墓って やっぱり あったほうがいいと 思ったんです
同様にお寺や神社など「祈りの場」はやはり必要なんじゃないでしょうか
人は祈らずにはいられない生き物だから…
死に接した時 病を得た時 子が生まれた時
そうですね その祈りを各宗教の死生観が支えているわけです
元々の仏教の考えでは輪廻転生《りんねてんしょう》 すぐ生まれ変わるんです
RINNE
悟りによってのみこの輪廻から解脱できる
たとえば 死者を「仏」とするのは日本仏教独特のものです
「お骨」が残るように焼くのも日本の特徴ですね
土葬と火葬の合わせ技ですよ
多くの日本人は無宗教のようにも見えますが
先祖信仰や遺骨信仰が
無意識のうちに心の拠《よ》りどころになっているのかもしれませんね
うんうん

小寺家の代々墓に別姓の親族が入っても良いのかということも尋ねてみました
ああ それはもちろん大丈夫ですよ
やっぱりアリなんですか？
ご縁のある人 みんな一緒にという考えはむしろ素晴らしいと思いますよ
実際、昔の過去帳《かこちょう》などを見ていますと友人や近所の人なんかが入っていることも結構あります
過去帳…
故人の戒名や俗名、命日を記した帳簿 その家の系譜にもなる。
近所の人…なんか割と何でもアリなんですね…
檀家にしても代々墓にしても私たちが勝手に「こうあるべき」と難しく考えちゃってるコトが多いような気がしてきました
墓って実は結構自由？
ふ〜〜〜ん…
私は宗教において重要なのはロゴスとパトスとエトスのバランスだと思っていて…
ロ？

ロゴスとパトスとエトス
理論・教義
感情・情念
伝統様式
特に祭祀を紐とくうえでエトス（伝統様式）は重要な手がかりでありおろそかにはできないものではありますが…
私たち「伝統」って言われたら安心するっていうか無条件に納得しちゃうとこってある気がします
そう　やっぱりね人々が積み重ねて来たものの重みってあるんですよ
墓も葬儀もその地域の前例を踏襲《とうしゅう》しながらきているわけですが
人と人とをつなぐ理屈が時代と共に変化している分墓のあり方も変化して当然なんだと思いますよ
うーんなるほど伝統だと思ってるものも変化してるのカモ？

例えば江戸時代まで庶民の墓は個人墓や共同墓が主でした
裕福な者は多宝塔などを象った形
貧しい者は少し大きな石などを拾って来て墓にしていました
「代々墓」を承継していく形が主流になったのは明治になって家制度が確立して以降です
へ～～!!
昔から代々墓がスタンダードなのかと思っていました！
家制度（家父長制）にフィットした代々墓が現代にそぐわなくなってきたのも仕方のないことかも
父（家長）
←エライ
長男
←次にエライ
次男
母
娘
長男の嫁
家・土地
墓
財産
すべて長男が継ぐ代わりに守っていく
思えば祖母は戦前に小寺家に嫁入り
墓と家はセット
男の子がいないから!!
小寺が途絶えてしまう!!
誰か小寺を継いで!!
家制度の価値観にガッツリ捉われてた世代…
男の子産まないと責められた時代だね…

故人や先祖を大切に思う気持ちよりも
「こうしなくちゃ」っていう義務感の方が大きくなってしまったが故に
お墓めんどくさい!!
ってなってしまうのは淋しいことですよね…
おばあちゃん、手はなしていいものたぶんけっこうあるよ
そしてきっとお墓って
死んだ者のためだけでなく生きている者のためにもあるんだなと思いました
そうですね 埋葬は人類が人類たる所以です
目に見えない世界に思いをはせ他者の死を通して自分の生を見つめる行為は人類だけのものです
今はたくさんの選択肢があり
そしてお墓は思っていたよりずっと自由なものだと分かり少し気が楽になりました
私の墓活は始まったばかりだ!
自分や家族にとって最適なお墓を引きつづき探していこうと思います
応援していますよ

檀家Q&A

何となく
お寺と檀家は
会社と株主の
関係みたいだね

Q そもそも檀家って何？檀家になるメリットとデメリットは？

A 檀家はお布施によってお寺を経済的に支援する代わりに、法事や葬儀などの仏事、先祖供養を優先的かつ手厚く行ってもらうことができます。年会費や檀家総会などがあって檀家が寺の運営にも深くかかわっている寺もあります。

Q 檀家になるにはどうすればいいですか？

A 住職の一存で簡単に檀家になれるお寺もあれば檀家総会での承認が必要な寺もあるなどお寺によって異なりますので、お寺に問い合わせてみてください。

Q 檀家を離れようと思います。離檀料《りだんりょう》っていくらくらい払えばいい？

A そもそも「離檀料」というものはなく、あくまでも「これまでお世話になりました」というお気持ちを包むものですので、金額もそれまでのお寺との関わりの深さによって変わってきます。

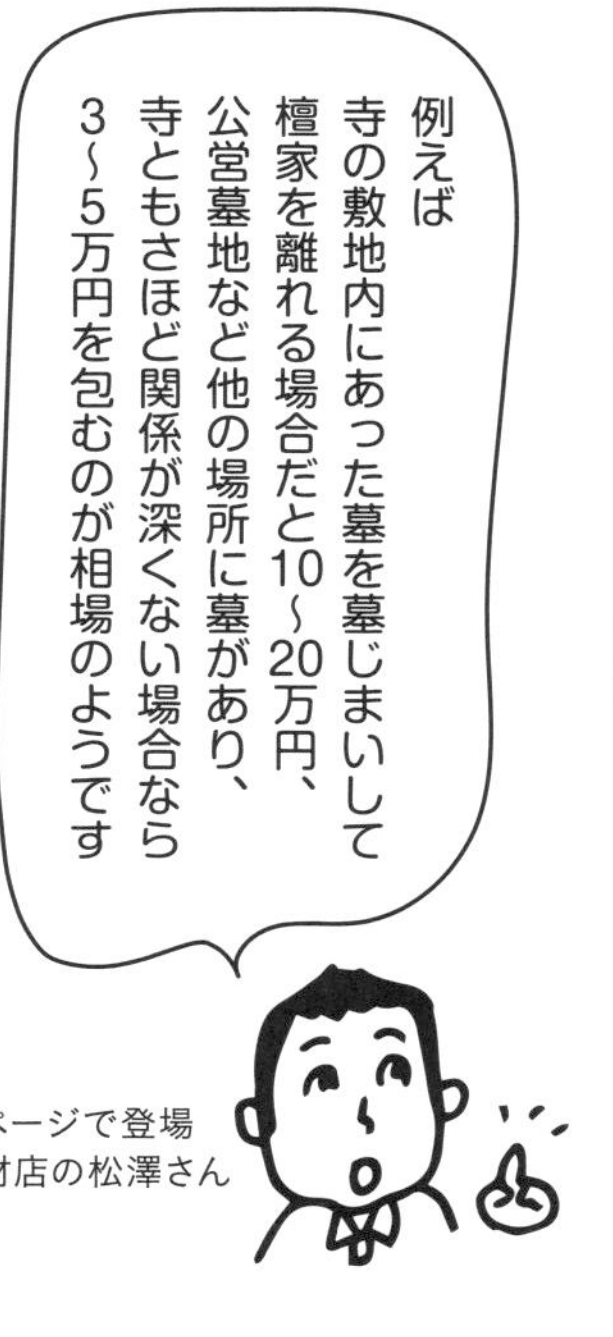
例えば
寺の敷地内にあった墓を墓じまいして
檀家を離れる場合だと10～20万円、
公営墓地など他の場所に墓があり、
寺ともさほど関係が深くない場合なら
3～5万円を包むのが相場のようです

次ページで登場
石材店の松澤さん

頼れるお墓のプロ!! 石材店

墓地探しは!?
お手伝いします!!
情報たくさん持ってます。
墓の引越しや墓じまいは!?
ズバリ
僕たちの仕事です
お寺に何代をいくら払えばいいのかわかんないんですが!?
だいたいの相場をアドバイスできますのでご相談ください
この本いらんやん
石材店行けばエエ話ちゃう?
ガーン
ホンマや

石材店さんに一問一答

Q　お墓を建てたい！まず何から始めればいい？

A　最近はネットにたくさんのお墓の情報サイトがありますので、それで情報収集してみることをお勧めします。

Q　好きなアニメのキャラクターの形をした墓を建てたいのですが？

A　アニメのキャラクターなどには著作権がありますのでそっくりそのままは難しいです。また、キャラクター以外（例えば動物のデザインなど）でも、墓地によって高さ制限等がありますので、墓苑の規定を確認する必要があります。

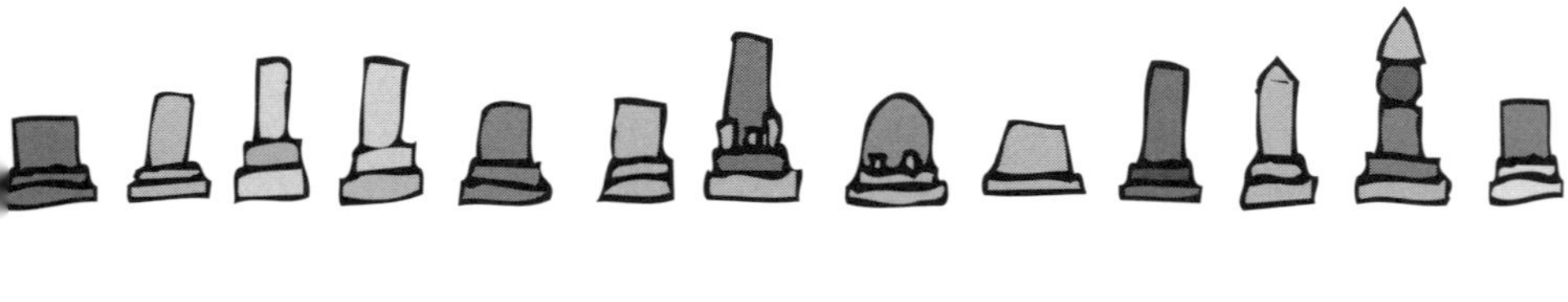

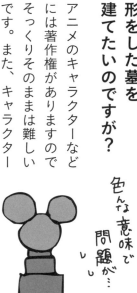

Q 墓石に刻む文言に決まりはありますか？書道が趣味なのですが、自筆の文字を刻んでもらうことはできますか？

A 墓石に刻む文字に決まりはなく自由です。ご自身や故人様が書かれた絵や文字などを刻むこともできますので原稿をご用意してお持ちください。ただ一度刻むと修正は簡単ではありませんので、文字の間違い等には十分ご注意くださいね。

Q やっぱり国産の石の方がいい？

A そうとも限りません。中国は石の生産・流通システムが出来上がっているため、価格が安く、石の種類の選択肢も多くなっています。

Q どの墓地にどの石材店の墓を建てるか自由に選べますか？

A 民営墓地や寺院墓地は契約している石材店があり、それ以外は選べないことがほとんどです。公営墓地は指定がないので、どの石材店でも自由です。

Q おすすめの石材はありますか？

A 実は正直あまりありません。一般的に墓石として使われている石では、耐久性などもそれほど差はなく、石の種類よりもむしろ、磨きや加工の精度によるところが大きいように思います。

Q 地震で墓石が傾いてしまいました。どうすればいい？

A 墓石は固定してるわけではなく「置いてあるだけ」なので地震等で傾いたり倒れたりすることがあります。その際は決して自分で直そうとはせず石材店に依頼してください。

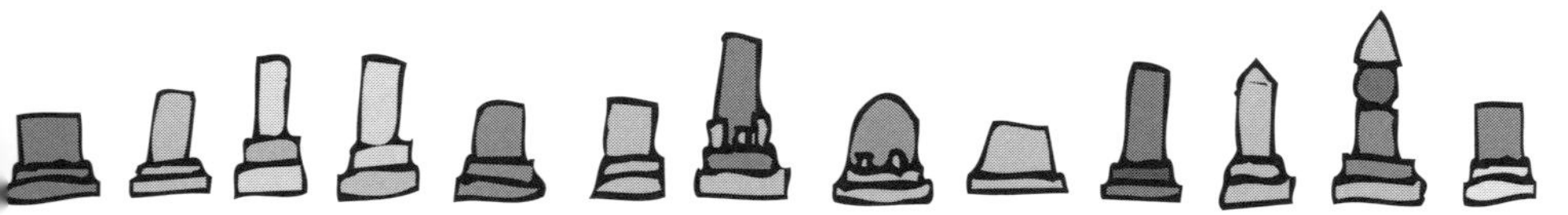

Q いい石材店を見極めるポイントを教えてください

A コミュニケーションが円滑に取れるかは重要です。大きな買い物になるので、話をしっかり聞いてくれる店を選んでください。

Q お墓選びで一番重要なことはなんですか？

A ズバリ！元気なうちに考えておく！ということです。

終活セミナーなどに参加される人は人生に前向きな方が多い傾向があります
死は絶対に全員に訪れるものですもんね～
墓のことも不吉なことと捉えずに家族でよく話し合えたらいいですよね

池尻《いけじり》石材工業

お墓の建立はもちろん、お墓の修理や移転、永代供養や墓じまいなど、ありとあらゆる相談にものってくれる。

兵庫県神戸市東灘区御影本町4-12-28
☎0120-015-191
10:00－18:00

松澤哲平《まつざわてっぺい》さん

池尻石材工業でスタッフとして勤務するかたわら、終活カウンセラーとしてセミナーなどを積極的に開催。「お寺との交渉や墓じまいに関する親族間のもめごとなど、墓に関する悩みはネットなどでは検索できないとあって、年々参加希望者が増えてます」と話す。

お墓の引越し（改葬）

お墓が遠方にあるので近くに移動したい
家がお引越し墓も一緒に引越したい
別の場所にある親族の墓を自分の墓の近くに移動して一緒に供養したい
永代供養合同墓に移したい

1 改葬先の墓地を決める

2 新しい墓を建てるならその手続きをする

3 元の墓地の管理者に改葬する旨を伝える

4 元の墓の所在地の役所に行って「改葬許可申請書」をもらう

5 元の墓の管理者に 「改葬許可申請書」に署名・捺印してもらう
「埋葬証明書」を発行してもらう

6 改葬先の管理者に 「受入証明書」を発行してもらう

7 墓に入っている死亡者の戸籍謄本を取り寄せる

8 元のお墓の所在地の役場に提出

9 「改葬許可証」が発行される

10 改葬先の墓地の管理者に「改葬許可証」を提出

11 石材店に墓の移設と旧墓の墓じまいをしてもらう

墓じまいに
関しては
左ページへGO!!

墓じまい

お寺に

墓石に宿った魂を抜く
「閉眼供養《へいがんくよう》」「抜魂供養《ばっこんくよう》」「遷仏法要《せんぶつほうよう》」
などの法要をしてもらう

宗派により呼び方が違います

石材店に

石材店に墓石を解体・撤去してもらい
墓地を更地に戻してもらいます

墓じまいにかかる費用

地域やお寺とのおつきあいの深さによりますので
あくまでも目安としてみて下さいね

魂抜《たましいぬ》きの法要のお布施

3～10万円が相場だと言われています

菩提寺を離れる場合の離檀料

お寺との関係にもよりますが
10～20万円が相場だと言われています

墓石の解体・撤去費

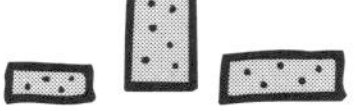

1㎡あたり10万円が目安と言われていますが
墓の規模や石の種類によって変わりますので
見積もりを取ってみてください

他にお寺さんに「御膳代」や別の墓地まで来ていただいた時は「お車代」をお渡しします
通常の法事と同じですね

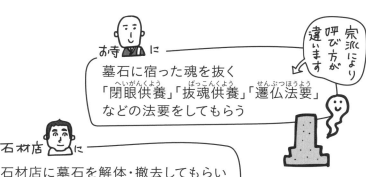

世界のお墓

ドイツ

森林王国ドイツは樹木葬先進国。日本のように墓標として新たに木を植えるのではなく、元々ある大樹の下に埋葬する。一般墓も周りには木や花が植えられ、緑あふれる公園のような雰囲気。

ロシア

流行りは故人の写真をリアルに彫り込んだ墓石。墓石の形も実に様々。

大韓民国

土葬した上にこんもりと土を盛り、芝生でコーティングした、まるで古墳のようなお墓が伝統だったが、最近は土地不足もあり、ロッカー式納骨堂が主流に。

ギリシャ

まさにギリシャ彫刻! な墓多数。

インド

墓は作らず、遺体は火葬後ガンジス川に流す。

ガーナ共和国

死後3か月以上かけて準備し、凝りに凝った棺桶に入れて賑やかな葬儀をすることで有名なガーナ。お墓もやはり立派。

トンガ王国

貝殻や造花、キルティングで飾られたド派手で明るいお墓。

グアテマラ共和国

パステルカラーの小さな家のような建物や、カラフルな箪笥のようなお墓が並び、あまりの可愛さに墓地が観光スポットになっているほど。11月にある「死者の日」には人々が墓地でピクニックをしたり、凧揚げをして賑やかに過ごす。

チベット

ハゲワシなどの鳥類に遺体を食べさせる「鳥葬」の伝統が今も残る。標高が高く大きな木が生えないチベットでは火葬のための薪の確保が難しく、また乾燥した寒冷地のため土葬にしても遺体が分解されないという気候的背景に加え、これまで多くの動物を食べて生きてきたので、最後に肉体を動物に提供するという思想もある。魂は鳥によって天に運ばれると考えられている。お墓は作らない。

第4章

お墓の法律相談

CASE 1 死後離婚ってどうやるの?

～死後婚家の墓には入りたくないAさんの場合～

弁護士さんに聞いてみた！

配偶者が亡くなったあとに籍を抜く「死後離婚」という制度があると聞きました。具体的にはどういう手続きをすればいいのですか？

単に配偶者の墓に入りたくないだけであれば、相続人（子ども等）にその旨を伝えて、生前に入る墓を用意する等、埋葬方法を依頼しておけば、実現できることになります。

配偶者の家族と縁を切りたい（いわゆる死後離婚）ということであれば、姻族関係を終了させる意思表示をすれば実現できます（民法728条2項）。具体的には、本籍地または居住地の市町村役場で用紙を受け取り、そこに必要事項を記入して提出するというもので、提出期限はありません。なお、一度提出すると撤回できませんので、時間をかけて熟考した上で決断しましょう。

至誠総合法律事務所
弁護士
坂井 慶 先生

子どもがいる場合子どもの戸籍はどうなるんでしょうか？

「婚姻関係終了の意思表示」はそれを提出した本人だけに関わるもので、子どもには関係しないため、子どもの戸籍はそのままです

CASE 2

婚姻関係にないけど同じ墓希望!

〜同性カップルBさんの場合〜

弁護士さんに聞いてみた!

籍が入っていないパートナーと一緒の墓に入るにはどうすればよいですか?

生前からお二人で入られるお墓を探す等の準備をしておいたうえで、相続人(親族等)に意思を伝えておくことにより実現するということになります。

しかし、もしも親族等の理解が得られそうにない場合などは、遺言でパートナーを祭祀承継者に指名しておく方法があります。遺言には自筆証書遺言と公正証書遺言があり、前者はすべて自筆で書かれていることや日付・押印等が必要であることなど細かい規定がありますが、後者は公証人役場で手数料(財産額に応じる。例えば１００万円以下なら５０００円、５００万円を超え１０００万円以下なら１７０００円※)を支払えば、正式なものを作成してもらえるのでおすすめです。

至誠総合法律事務所
弁護士
坂井 慶 先生

※実際の支払いは手数料と遺言加算(全体の財産が1億円以下のときは、１１０００円)の合計額になります。

異性婚ですが籍を入れていない事実婚の場合は?

事実婚(内縁)は「婚姻に準ずる関係」とされており、祭祀承継者として遺骨の承継も優先的に指定される場合が多いです

CASE 3

代々墓は兄妹どっちのもの？

～姓は変わったけど墓の管理をしている田中さん(仮)の場合～

田中さん(千葉在住
旧姓・山本さん〈仮名〉)は
実家の両親と
同居しています
千葉在住
田中
山本
田中
田中
田中
山本
田中
田中
仕事の都合で名古屋に住んでいる兄がいますが
墓そうじ
山本家の墓
家族アリ
山本
護
山本家の墓の管理や実父の介護等はすべて田中さん夫妻が担ってきました
でもアレだな
お前もう
山本じゃないから
ウチの墓には
入れないよなー
俺一家は
入れるけど
はあっ!?
イラッ
墓そうじひとつ
したこともないくせに
長男のものになるんかい!?
ちっ

弁護士さんに聞いてみた！

面倒をみているのは長女である私ですが墓は長男が継ぐものですか？

お墓の権利は「祖先の祭祀を主宰すべき者」が承継することになりますので（民法897条1項）、遺言等でこれを指名しておくことをおすすめします。もしこれをしていない場合は、慣習によることとなり、慣習が明らかでない場合は家庭裁判所に決めてもらうことになります（同法2項）。

至誠総合
法律事務所
弁護士
坂井 慶 先生

「○○家の墓」と書いてある墓であっても、その姓以外の人の遺骨を納めてはいけないという決まりはありません。結婚して姓が変わっていても、そのお墓に入ることはできます。

浄土真宗 如来寺住職
相愛大学教授
釈 徹宗 先生

墓地は不動産になるのでしょうか？

「お墓の分譲」という表現があるため勘違いしそうになりますが、墓地は使用料を払って使用権を得ているだけ（いわば賃貸のような形）なので、不動産にはなりません。だから墓には「相続」ではなく「承継」という言葉が使われます

CASE 4 お墓の離婚

〜両家墓を建てたけど…〜

Cさん夫婦は一人っ子同士
ゴーン
リーン
いっそのこと墓も一緒に！と盛り上がり両家墓を建ててしまうほど
縁
夫婦仲も両家の仲も円満…
…だったのは過去の話
縁
価値観の相違埋めがたくこの度離婚することに…
どうすんのよあの墓!?
オレに聞くなよ
半分に割れ
…ませんよね？

弁護士さんに聞いてみた!

離婚した場合、両家墓はどうなりますか?

当然、墓も分けることになります。

墓は建立した時に所有者（名義）を決めているはずで、その所有者（祭祀承継者）がお墓の権利を引き継ぐことになります。そのため、権利を有しない側が別のお墓を用意して、遺骨を改葬しなければなりません。具体的には、お墓の管理者から埋葬証明書を受領したうえで、改葬すべきお墓のある市町村で改葬許可手続きをとり、改葬すべきお墓の管理者にそれを提出して、新しく用意した墓へと改葬を実行するという運びになります。

至誠総合
法律事務所
弁護士
坂井 慶 先生

両家墓も色々なタイプがあります。

納骨室に遺骨を直に入れているもの

ひとつの納骨室に骨壺が納められているもの

同じ敷地内に2基の墓が建っているもの

墓地によっては、2つの家名を並べて刻む墓を建てることが認められていないところも。

CASE 5 お墓がナイ!!

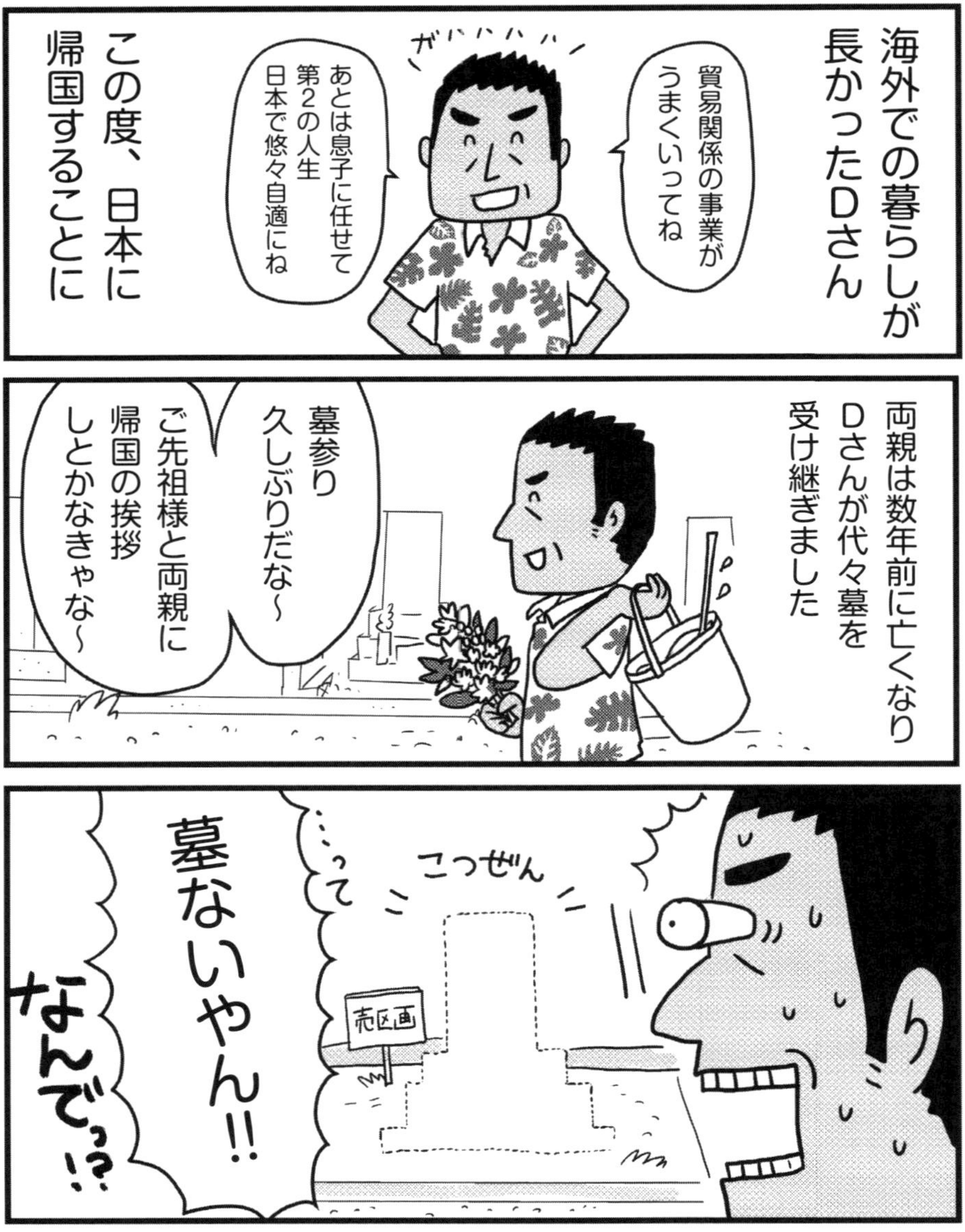

海外での暮らしが長かったDさん
貿易関係の事業がうまくいってね
ガハハハハ
あとは息子に任せて第2の人生日本で悠々自適にね
この度、日本に帰国することに
両親は数年前に亡くなりDさんが代々墓を受け継ぎました
墓参り久しぶりだな〜
ご先祖様と両親に帰国の挨拶しとかなきゃな〜
…って
こつぜん
売区画
墓ないやん!!
なんでっ!?

弁護士さんに聞いてみた!

数年間墓を放置していたら、撤去されていました。どうしてこんなことに？返してもらうことはできますか？

所有者の所在が不明で、3～5年程度（墓苑の規定による）管理費の支払いが滞った場合、墓苑の管理者が官報に「無縁墳墓改葬公告」を出し、該当の墓所にも同様の趣旨の立て札をします。それでも1年間所有者から連絡がない場合、管理者はその墓を無縁墓として撤去することができます。これは法律で認められた正式な手続きであり、後から不服申し立てをしてもどうにもなりません。ほとんどの場合、遺骨は合同墓に合祀され、墓石は廃棄処分となり、返してもらうこともできませんので、くれぐれも墓を放置しないよう気を付けましょう。

至誠総合
法律事務所
弁護士
坂井 慶 先生

墓じまいにはお金がかかるし…公示をわざと無視してしまえば、墓を撤去してもらえるってこと？

公営墓地なら税金が使われることになりますし、その考えはいただけませんね。後々多額の費用を請求されることもあります

CASE 6 お金がナイ!!

え!? ワシのこと!?
いや ちゃうちゃう!!
Eさん
別に金が無いわけとちゃうよ
あ、大変失礼しました。

ただなぁ ワシ死んだあとはどないでもええねん
墓とかそんなモンに金かけたないねんよ
その金で子や孫がうまいモン食いに行ってくれるほうがええわ
なるほど。

そやから骨なんか海にまいといてくれたら…
エ!? 砕くのに金かかるって?
そのままやったらアカンのかいな!?
なぁ ワシの骨砕いてくれるか～
イヤやわ!! ふふ

役場で聞いてみた！

お墓に出来るだけお金をかけたくありません。なんなら遺骨もいらないのですが、斎場にお骨を置いて帰ってはいけませんか？

自治体によって可能な所と不可能な所があります。関西以西はもともと部分収骨（焼骨の一部を遺族が引き取り、残りは斎場で供養）なので、必要な書類に記入するだけで焼骨を置いて帰ること（焼骨の引き取り拒否）も可能です。しかし首都圏の多くの自治体では「斎場を使用したものはただちに焼骨を引き取らなければならない」という決まりがあり、引き取り拒否はできません。お住いの自治体の斎場にて問い合わせてみてください。遺骨が残らないように焼く「焼き切り」という方法もありますが、追加料金（数万円）がかかります。

医大に献体すれば無料で医大の納骨堂に入れてもらえると聞いたのですが…

献体とは医大の解剖学実習への遺体の提供のことで、医学の発展に欠かすことのできない尊い行為です。納骨堂のある医大もありますが、基本的には解剖後のご遺体はご遺族にお返しすることになっています

CASE 7 身寄りがナイ!!

終活カウンセラーさんに聞いてみた!

身寄りがありません。死後の葬儀のことやお墓のこと、誰に託しておけばいいですか？
各自治体には「地域包括支援センター」というものがあります。65歳以上の高齢者の保健・福祉・医療・介護など全般にわたってサポートする総合相談窓口ともいえる機関で、身寄りのない方の身元保証や後見に関する相談にのってくれます。一度相談してみてください。
また、生前から知人もしくは行政書士や司法書士のような専門家に依頼して、葬儀や供養なども含む死後の事務手続きを委任しておく「死後事務委任契約」という制度もあります。
終活カウンセラー
家じまいアドバイザー
屋宜明彦さん
今40代ですが身寄りがありません。もしもの時のためにどう備えればいいでしょう？
「死後事務委任契約」を結んでおくことをお勧めします。行政書士や司法書士事務所に預託するのもいいですし、直接、公証役場に問い合わせてみてもいいでしょう。財産に関する遺言公正証書についても併せて相談してみてください

困った? どうしよう…! の相談なら

お墓にまつわる相談は

墓じまいや改葬、
永代供養墓などの相談は、

- **NPO法人 永代供養推進協会**
- **全優石 お墓なんでも相談**
- **お墓案内センター**

などで、無料相談ができる。
また、改葬などのお墓の
手続きの代行も可能。

お墓のことで困った時は

高齢者の場合は、まずは「**地域包括支援センター**」に相談してみては。各市町村に1カ所以上設置されていて、日常生活の困りごとや心配ごとをサポートしてくれる。また、国民生活センター「**消費者ホットライン**」(全国共通の☎188)でも、「消費者の困った!!」に専門の相談員が対応してくれる。

法律的なことを相談したい時は

各市町村の役所で**無料法律相談**が行われている。住んでいる都道府県の役所に問い合わせるか、HPでも相談日を公開。また、弁護士会でも無料の法律相談を実施している地域もあるが、ただし、最初の相談が無料というところが多く、時間も30分程度なので、あらかじめ資料など整理してから出かけるようにしよう。「**法テラス**」でも弁護士に無料相談ができる。法テラスとは、国が設立した法的トラブル解決のための「総合案内所」。問い合わせの内容に合わせて、解決に役立つ法制度や相談窓口を無料で案内してくれる。

お話をうかがった先生方

弁護士
坂井《さかい》 慶《けい》 先生

至誠総合法律事務所
大阪市北区西天満2-5-7
堂島電研ビル2階
☎06-6363-0921

個人間の紛争から企業法務案件まで法律問題に幅広く対応してもらえる。

終活カウンセラー
家じまいアドバイザー
屋宜《やぎ》明彦《あきひこ》さん

株式会社スリーマインド 代表取締役
兵庫県伊丹市西野5-188-04号室
☎072-778-6611

遺品整理や家じまいなどのお片付けサービスの会社を経営。"家じまいアドバイザー"として、元気な間に部屋を整理しておく「元間《げんかん》整理《せいり》」の講演会なども開催している。

あなたにはどのお墓?

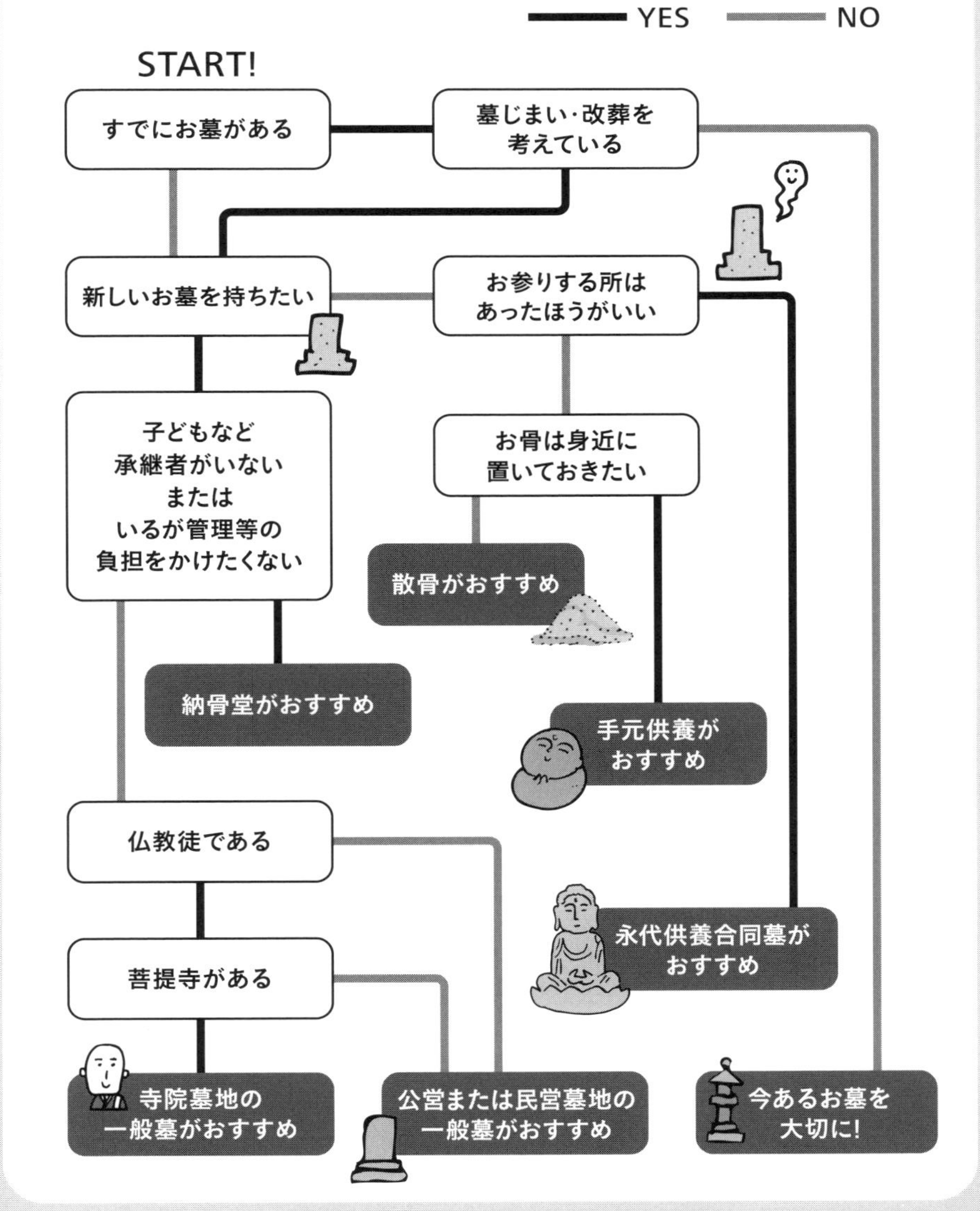
YES
NO
START!
すでにお墓がある
墓じまい・改葬を考えている
新しいお墓を持ちたい
お参りする所はあったほうがいい
子どもなど承継者がいないまたはいるが管理等の負担をかけたくない
お骨は身近に置いておきたい
散骨がおすすめ
納骨堂がおすすめ
手元供養がおすすめ
仏教徒である
永代供養合同墓がおすすめ
菩提寺がある
寺院墓地の一般墓がおすすめ
公営または民営墓地の一般墓がおすすめ
今あるお墓を大切に!

あとがき

祖母の法事の際に、ご住職が、お経のことをサンスクリット語でスートラと言い、元々は「糸」という意味であることを教えてくださいました。その内容や意味も知らないままに、かつて顔も知らぬ先祖のために祖父と共に読んだ同じお経を、祖父を送るために祖母とともに読み、今は祖母を送るために娘たちとともに読み、そしていつかは私を送るために娘たちが彼女らの築いた家族とともに読んでくれるのかもしれないと考えたとき、まさにそれは世代をわたって紡ぐ糸であると感じました。そしてそれは「お墓」を含む供養全般に言えることのように思います。墓の形やその物理的な有無は問題ではありません。私たちは自分につながる人々に想いを馳せ、生と死、過去と未来を想うことによって、また糸を紡いでいくのではないでしょうか。

墓をどうするのか、私自身まだ結論には至っておりませんが、そのことを考えることができる今日に感謝して生きていきたいと思っています。墓選びの助けどころか迷走しまくりの本となりましたが、墓選びでお悩みになっておられる皆様の一助となれば幸甚です。

家族や宗教にも関係するデリケートな事柄であるお墓について、快くヒアリングさせてくれた友人・知人の皆様、お忙しいなか取材に応じていただき色々なお話を聞かせてくださった霊園や寺院、各関係者の皆様、様々な質問にも丁寧に答えてくださった池尻石材工業の松澤哲平さん、仏教についてご教授いただいた如来寺の釈徹宗先生、そして愛娘の麻耶さんのお話を通して「そもそもお墓とは何か」に立ち返らせてくださった宮下規久朗先生に、心から感謝いたします。また、この本の制作中に、取材や構成に多大なご協力をいただいたライターの青山ゆみこさんのお父様がご逝去されましたこと、お悔やみ申し上げ、ご冥福をお祈りいたします。

最後になりましたが、地獄のようなスケジュールにも拘わらず素敵な本に仕上げてくださったデザイナーの平山健宣さんと、この天啓ともいうべきタイムリーな企画を立案してくださり、締め切りをぶっちぎりまくる私に最後まで菩薩のような優しさで根気強く接してくださった編集者の道田惠理子さん。毎朝毎晩手を合わせて拝まなければならないくらい感謝しております。本当にありがとうございました！
（そしてすみませんでした！）

２０１９年８月15日　井上ミノル

参考文献

『早わかり世界の六大宗教』（釈徹宗 著　朝日文庫）

『〈オールカラー版〉美術の誘惑』（宮下規久朗 著　光文社新書）

『いまどきの納骨堂 変わりゆく供養とお墓のカタチ』（井上理津子 著　小学館）

『これから「お墓」どうしよう!? 実家のお墓、自分のお墓』（NPO法人ら・し・さ 監修　オレンジページ）

『お墓のことを考えたらこの1冊 第2版』（弁護士 石原豊昭 著　自由国民社）

『夫の墓には入りません』（垣谷美雨 著　中央公論新社）

『お墓のすべてがわかる本「どうしたらいい?」お墓の疑問をスッキリ解決!』（田代尚嗣 著　新星出版社）

『お墓ハンドブック 90分でわかる!』（主婦の友社）

『お墓の未来～もう「墓守り」で困らない』（島田裕巳 著　マイナビ新書）

『「お墓」の誕生― 死者祭祀の民俗誌』（岩田重則 著　岩波新書）

『世界のお墓文化紀行 不思議な墓地・美しい霊園めぐり、さまざまな民族の死生観をひも解く』
（長江曜子 監修　誠文堂新光社）

井上ミノル

1974年神戸市生まれ。高校から結婚するまで、兵庫県たつの市に在住。甲南大学文学部卒業後、広告代理店に勤務するが2000年にイラストレーターとしてデビュー。雑誌や書籍でイラストを描く一方で、生来の国分好き歴史好きを生かして、2013年にコミックエッセイ『もしも紫式部が大企業のOLだったなら』を刊行。続いて『もしも真田幸村が中小企業の社長だったなら』『もしも坂本龍馬がヤンキー高校の転校生だったなら』を上梓。著書は他に、愛すべきダメダンナたちの生態観察記録『ダメダンナ図鑑』、水辺の石探しガイドブック『こどもが探せる川原や海辺のきれいな石の図鑑』（柴山元彦氏と共著）（いずれも創元社）。専門的で難しいことも、おもしろくわかりやすいイラストで描くことでは定評がある。好奇心旺盛で酒好きの二女の母。

まんが 墓《はか》活《かつ》 それでどうする、うちの墓？

2019年9月26日 初版発行

著者 井上ミノル
発行人 中島 淳
編集 道田惠理子
編集協力 青山ゆみこ
ブックデザイン 平山健宣（setten design株式会社）
発行所 株式会社140B
〒530-0047
大阪市北区西天満2-6-8 堂島ビルヂング602
電話 06-6484-9677
振替 00990-5-299267
http://140b.jp

印刷・製本 モリモト印刷株式会社

ISBN978-4-903993-40-9 C0077